RODRIGO DE CASTRO GOMES

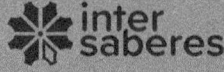

Língua e cultura brasileiras:

suas inter-relações e particularidades

Rua Clara Vendramin, 58 ♦ Mossunguê ♦ CEP 81200-170 ♦ Curitiba ♦ PR ♦ Brasil
Fone: (41) 2106-4170 ♦ www.intersaberes.com ♦ editora@intersaberes.com

Dr. Alexandre Coutinho Pagliarini; Dr.ª Elena Godoy; Dr. Neri dos Santos; Dr. Ulf Gregor Baranow ♦ conselho editorial

Lindsay Azambuja ♦ editora-chefe

Ariadne Nunes Wenger ♦ gerente editorial

Daniela Viroli Pereira Pinto ♦ assistente editorial

Ana Maria Ziccardi ♦ prepaparação de originais

Letra & Língua Ltda.; Monique Francis Fagundes Gonçalves ♦ edição de texto

Luana Machado Amaro ♦ design de capa

ArtKio e marekuliasz/Shutterstock ♦ imagem de capa

Raphael Bernadelli ♦ projeto gráfico

Laís Galvão ♦ diagramação

Luana Machado Amaro ♦ designer responsável

Regina Claudia Cruz; Sandra Lopis da Silveira ♦ iconografia

Dados Internacionais de Catalogação na Publicação (CIP)
(Câmara Brasileira do Livro, SP, Brasil)

Gomes, Rodrigo de Castro
  Língua e cultura brasileiras: suas inter-relações e particularidades/Rodrigo de Castro Gomes. Curitiba: InterSaberes, 2022. (Série Língua Portuguesa em Foco)

  Bibliografia.
  ISBN 978-65-5517-104-4

  1. Cultura brasileira 2. Identidade cultural 3. Língua portuguesa 4. Línguas e linguagem I. Título. II. Série.

22-122120   CDD-469.70581

Índices para catálogo sistemático:
1. Língua portuguesa e cultura brasileira 469.70581

Cibele Maria Dias – Bibliotecária – CRB-8/9427

1ª edição, 2022.
Foi feito o depósito legal.

Informamos que é de inteira responsabilidade do autor a emissão de conceitos.

Nenhuma parte desta publicação poderá ser reproduzida por qualquer meio ou forma sem a prévia autorização da Editora InterSaberes.

A violação dos direitos autorais é crime estabelecido na Lei n. 9.610/1998 e punido pelo art. 184 do Código Penal.

sumário

apresentação, vii

como aproveitar ao máximo este livro, xii

    # um   Língua e cultura, 15

    # dois   Origens e formação do português brasileiro, 51

    # três   Português brasileiro e português europeu: principais diferenças, 101

    # quatro   Variações linguísticas no português brasileiro, 145

    # cinco   Traços da personalidade brasileira, 183

    # seis   Música, língua e cultura brasileira, 227

considerações finais, 277

bibliografia comentada, 281

referências, 287

respostas, 301

sobre o autor, 303

apresentação

Quanto de nossa cultura, de nossa identidade, estará vinculado à nossa língua? Assim como o brasileiro tem formas culturais únicas, o português do Brasil tem características únicas, que expressam o modo de ser brasileiro. O português brasileiro guarda a riqueza e a diversidade cultural de nosso povo, formado por vários outros povos que, durante séculos, foram construindo sua história. A aproximação e o conhecimento dessa construção permitem que reconheçamos o valor de nossa cultura e sejamos copartícipes na continuidade dessa construção.

Neste livro, abordaremos alguns aspectos da cultura brasileira por meio da língua portuguesa do Brasil, com o objetivo de promover uma reflexão sobre ambas. A língua acompanha, preserva e transmite valores, conhecimentos, hábitos, expressões artísticas, filosóficas, enfim, toda a cultura de um povo. Em nossas palavras estão os significados e os sentidos do que fazemos. Portanto, seu estudo abre o caminho para a exploração da cultura de seu povo.

Refletir sobre a própria língua não é tarefa comum para a maioria das pessoas, uma vez que sua aquisição é um processo natural, quase inconsciente, que não requer seu estudo formal. Como a língua é tão inerente à nossa forma de ser, muitas vezes não refletimos sobre suas características, sua complexidade, sua beleza. Quando, no entanto, conhecemos ou estudamos outra língua, outra cultura, outro país, percebemos não apenas essa nova língua, mas também a nossa, como que por comparação. Dessa forma, vamos descobrindo as especificidades e o valor de algo tão intrínseco, mas sobre o qual nunca nos conscientizamos. Assim como um peixe que, apenas ao ser retirado da água, descobre a existência da própria água.

Felizmente, não precisamos "sair" do ambiente de nossa própria língua para percebê-la, mas é preciso nos dedicarmos a estudá-la. É valioso nos dedicarmos a conhecer melhor essa ferramenta tão inseparável de nós. A língua está ligada à maioria das situações da vida humana e seu estudo pode ampliar o entendimento a respeito de nosso próprio comportamento, assim como das nossas interações com o meio, com os demais. Quantos caminhos poderiam abrir-se em nossas relações se tivéssemos mais conhecimento sobre nossa língua? Por essa razão, este livro destina-se a todos que desejam conhecer mais profundamente o português brasileiro e, em especial, aos estudantes dos cursos de letras e de línguas.

O estudo da língua que faremos nesta obra é de caráter histórico-cultural, observando o desenvolvimento da língua portuguesa paralelamente ao desenvolvimento da cultura brasileira, com as peculiaridades que a tornam diferente das outras formas de português falado em Portugal e em outros países da África e da Ásia. Para atender a esse propósito, o conteúdo está organizado em seis capítulos, distribuído da forma como explicamos a seguir.

No Capítulo 1, tratamos dos conceitos de língua e de cultura, e suas relações entre si e com o ser humano, por meio de teorias e proposições sobre a influência da língua na cultura e da cultura na língua. Em especial, analisamos a hipótese Sapir-Whorf da relatividade linguística, teoria que sugere que a percepção humana pode ser relativizada pelos parâmetros conceituais da língua. Esse estudo nos leva a uma reflexão sobre a diversidade da herança cultural brasileira e sua influência na cultura, na língua e na identidade de cada um de nós, na contemporaneidade.

No Capítulo 2, apresentamos um histórico da formação da língua portuguesa, tanto em Portugal, no período anterior ao descobrimento, quanto depois da chegada dos portugueses ao Brasil. Iniciamos com o percurso do latim ao português de Portugal, abordando o período colonial, multilíngue e a evolução do português na América, onde recebeu influências das línguas indígenas, africanas e europeias, com as imigrações. Finalizamos com sua configuração efetivamente, como o português brasileiro. Essa visão histórica da formação da língua e da cultura brasileiras é importante para a análise das inter-relações entre língua e cultura.

No Capítulo 3, abordamos a parte técnica da língua por meio de aspectos de fonética, fonologia, morfologia, sintaxe, léxico e pragmática da língua portuguesa na variedade brasileira, traçando comparativos com a variedade portuguesa. Esse comparativo propicia exemplos de como a língua portuguesa, no Brasil, foi se diferenciando da variedade portuguesa e assumindo características próprias. Esse fenômeno de mudança linguística é simultâneo ao fenômeno de mudança cultural que ocorreu no país.

No Capítulo 4, continuamos com o estudo da parte técnica da língua, por meio das mesmas disciplinas – fonética, fonologia, morfologia, sintaxe, léxico e pragmática –, mas agora estabelecendo comparativos entre os regionalismos no Brasil, de modo a evidenciar a diversidade linguística da variedade brasileira da língua. Tratamos também de questões sobre norma culta e norma padrão e sobre o preconceito linguístico.

Em seguida, no Capítulo 5, exploramos algumas particularidades culturais do Brasil, abordando aspectos de comportamento, de identidade e de peculiaridades do brasileiro. Inserimos no estudo a teoria do homem cordial, de Sérgio Buarque de Holanda, como um marcante traço de comportamento brasileiro, assim como o "jeitinho brasileiro", entre outros aspectos peculiares. Finalizamos com relações entre o comportamento e a língua brasileiros.

No Capítulo 6, analisamos uma manifestação artística, em especial a música brasileira, como uma das formas de expressão do jeito de ser brasileiro, com suas notáveis singularidades sonoras e linguísticas. Por meio de um breve histórico da formação do samba, destacamos algumas características da musicalidade brasileira, a fusão de estilos que gerou a bossa nova e algumas canções emblemáticas do ponto de vista linguístico, que contêm, em suas letras, usos notáveis da língua.

Ressaltamos que, nesta obra, não tivemos a pretensão de fazer um estudo teórico detalhado de língua e cultura, senão uma introdução para proporcionar uma visão geral das caraterísticas e da história de nossa língua, como parte, também, do estudo de nossa cultura. No entanto, para um maior aprofundamento dos tópicos abordados, outros textos foram indicados. Todo esse estudo multidisciplinar, em parte histórico, em parte técnico, em parte cultural e artístico, pretende ampliar nossa visão sobre a cultura brasileira, a língua portuguesa do Brasil e suas inter--relações entre si e com o brasileiro.

Boa leitura!

como aproveitar ao máximo este livro

Empregamos nesta obra recursos que visam enriquecer seu aprendizado, facilitar a compreensão dos conteúdos e tornar a leitura mais dinâmica. Conheça a seguir cada uma dessas ferramentas e saiba como elas estão distribuídas no decorrer deste livro para bem aproveitá-las.

Introdução do capítulo
Logo na abertura do capítulo, informamos os temas de estudo e os objetivos de aprendizagem que serão nele abrangidos, fazendo considerações preliminares sobre as temáticas em foco.

Síntese
Ao final de cada capítulo, relacionamos as principais informações nele abordadas a fim de que você avalie as conclusões a que chegou, confirmando-as ou redefinindo-as.

de cortesia e o jeitinho brasileiro, que se apresenta tanto como expressão de esperteza e de flexibilidade quanto como de corrupção e de desonestidade, também foram tratados no capítulo.

Por fim, apresentamos os elementos linguísticos relacionados com expressões de personalidade, como o uso dos pronomes, um segundo modo para o verbo "ser", o uso dos diminutivos, formas de tratamento, e finalizamos com exemplos de cunho cultural, com as diferenças de comportamento entre brasileiros e americanos.

Indicações culturais

O Iphan tem um canal no YouTube com muito material em vídeo disponível, entre os quais ressaltamos os filmes etnográficos (etnodocs) que tratam de variadas manifestações culturais brasileiras: *Eu imbo a palavra*, sobre as origens africanas da cultura brasileira em termos linguísticos; *Arte Kusiwa*, um documentário sobre a arte da pintura corporal do grupo indígena Wajãpi, do Amapá.

ARTE GRÁFICA Kusiwa. Iphan, 2002. Disponível em: <https://www.youtube.com/watch?v=IbnCzTQGMXo>. Acesso em: 9 jun. 2022.

EU TENHO a palavra. Direção e roteiro: Lilian Solá Santiago. Produção Francine Barbosa. Iphan, 2009. Disponível em: <https://www.youtube.com/watch?v=qUwojYMyNQ>. Acesso em: 9 jun. 2022.

IPHAN. Disponível em: <https://www.youtube.com/user/IphanGovBr>. Acesso em: 9 jun. 2022.

} **Indicações culturais**
Para ampliar seu repertório, indicamos conteúdos de diferentes naturezas que ensejam a reflexão sobre os assuntos estudados e contribuem para seu processo de aprendizagem.

Atividades de autoavaliação

1. Analise as afirmativas a seguir sobre mestiçagem no Brasil e marque V para as verdadeiras e F para falsas.
  ( ) A mestiçagem praticamente não ocorreu no Brasil, porque os grupos étnicos não se misturaram.
  ( ) A mestiçagem ocorreu em grande proporção e foi um dos fatores importantes para a formação da riqueza e da diversidade cultural brasileira.
  ( ) Gilberto Freyre foi um importante autor, principalmente no que diz respeito ao reconhecimento do valor da mistura étnica no Brasil.
  ( ) A mestiçagem ocorreu sempre em harmonia entre portugueses, índios e africanos, em uma espécie de democracia étnica.
  ( ) Apesar de os conquistadores terem imposto sua cultura, em um cenário desigual, de dominação, os povos indígenas e africanos foram coparticipes na gestação do povo brasileiro e são corresponsáveis pela riqueza cultural que temos hoje.

   Agora, assinale a alternativa que apresenta a sequência correta:
   a. V, V, V, F, V.
   b. F, V, V, F, V.
   c. F, F, V, F, V.
   d. F, V, F, F, V.
   e. F, V, V, F, F.

} **Atividades de autoavaliação**
Apresentamos estas questões objetivas para que você verifique o grau de assimilação dos conceitos examinados, motivando-se a progredir em seus estudos.

Atividades de aprendizagem
Aqui apresentamos questões que aproximam conhecimentos teóricos e práticos a fim de que você analise criticamente determinado assunto.

Bibliografia comentada
Nesta seção, comentamos algumas obras de referência para o estudo dos temas examinados ao longo do livro.

# um	Língua e cultura
dois	Origens e formação do português brasileiro
três	Português brasileiro e português europeu: principais diferenças
quatro	Variações linguísticas no português brasileiro
cinco	Traços da personalidade brasileira
seis	Música, língua e cultura brasileira

> Toda palavra serve de expressão a um em re-
> lação ao outro. Através da palavra, defino-me
> em relação ao outro, isto é, em última aná-
> lise, em relação à coletividade. A palavra é uma
> espécie de ponte lançada entre mim e os outros.
> Se ela se apoia sobre mim numa extremidade,
> na outra apoia-se sobre o meu interlocutor.
> (Bakhtin, 1995, p. 113)

O QUE ENTENDEMOS por *língua*? Qual é o papel da língua em nossa vida? Se fizermos uma lista de suas funções, quais serão? E se imaginarmos uma pessoa que não tenha aprendido uma língua? Será possível? E se for possível, o que essa pessoa seria capaz de fazer? E o que ela não seria capaz de fazer?

Questionamentos como esses foram feitos por muitos estudiosos no decorrer da história. Embora façamos uso de nossa língua com muita naturalidade, com certa destreza, com conhecimento e domínio em um nível razoável, se tivermos de definir o que é a língua, ou o que é a linguagem, veremos que não é tarefa tão fácil.

Muitas pesquisas já foram desenvolvidas e muitas teorias foram elaboradas. Antigos filósofos gregos, como Platão e Aristóteles, já se perguntavam sobre o papel da linguagem na busca pelo conhecimento.

Como resultado desses estudos, duas importantes linhas de discussão filosófica foram desenvolvidas. A primeira seria a relação entre a linguagem e o pensamento, e a segunda seria a da linguagem como comunicação.

Será que o papel da linguagem é sempre transmitir um pensamento previamente elaborado e acabado? Ou será a linguagem um instrumento para auxiliar na própria elaboração do pensamento? Como você observa isso em si mesmo? Você utiliza a língua para formular suas ideias ou apenas para comunicá-las? Será a língua uma ponte para externalizar o pensamento ou uma ponte para adentrar ao pensamento? Interessante, não? Mais uma questão: Você seria capaz de pensar sem utilizar palavras?

Percebemos, com essa reflexão, a proximidade entre língua e pensamento, entre linguagem e cognição, em um processo interno do sujeito articulando suas ideias, ainda antes de entrar na esfera da comunicação.

Ataliba Castilho (2014, p. 310) exemplifica quando estamos falando de algo que não está muito claro para nós: "Locutor 1: que te aconteceu ontem à noite? Locutor 2: bem... não... um ladrão me ameaçou com um revólver...".

O que foi que o segundo locutor negou? Ele nem tinha dado a resposta ainda! O que se negou, nesse exemplo, foi o pensamento ainda não verbalizado, negou-se o que ia ser dito, mediante uma negação psicopragmática (Castilho, 2014). Nesse caso, a língua está ajudando a pessoa a encontrar as próprias ideias, como um fenômeno mental que será sucedido pelo fenômeno comunicacional.

A segunda linha já não está centrada exatamente no sujeito linguístico, na linguagem em relação ao pensamento, mas na prática da comunicação pela linguagem, da interação entre os seus falantes.

Com base nessas abordagens, estudiosos e pesquisadores desenvolveram diversas teorias linguísticas, entre as quais ressaltamos três principais grupos cujos conceitos de língua veremos a seguir.

Para iniciar, vamos analisar algumas definições de língua e cultura, com o intuito de expandir o espectro de nossa reflexão, e posteriormente, poder traçar relações entre ambas.

umpontoum
Conceitos de língua

Para definirmos o que exatamente entendemos por "língua", tomaremos três conceitos apresentados por Travaglia (1997): (1) língua como expressão do pensamento, (2) língua como meio de comunicação e (3) língua como ação. Vejamos cada um deles.

1.1.1 Língua como expressão do pensamento

Há dois enfoques interessantes da língua com relação ao pensamento: um direcionado à atividade mental e à formulação dos pensamentos, e outro como expressão ou externalização do pensamento.

A língua é entendida como uma atividade mental, uma construção mental, que, posteriormente, pode ser expressa em forma de comunicação, como uma tradução do pensamento, no entanto, o ponto central está na atividade interior do sujeito.

A língua deve ser considerada como produção, "[deve-se] abstrair em maior medida sua ação designadora de objetos, e mediadora da compreensão, remontando com maior afinco à sua origem, tão estreitamente unida à atividade interior do espírito, e à influência que exercem a linguagem sobre esta, e esta sobre aquela" (Humboldt, citado por Castilho, 2014, p. 62).

Para Humboldt (citado por Castilho, 2014), a importância maior da língua está na produção, na construção interior. Em outras palavras, a função comunicacional fica em segundo plano.

A linguagem pode ser tomada como um conjunto de processos criativos, como enunciação, e não como um enunciado acabado; como produção, e não como um produto finalizado.

Teorias relacionadas com a língua como atividade mental são a linguística cognitivista, a gramática gerativista, entre outras.

Segundo Travaglia (2009), o processo de transmissão de um pensamento se reduz a uma tradução dele. Esse segundo enfoque, a língua como transmissão ou expressão de um pensamento que foi previamente elaborado, e que será exteriorizado por intermédio da língua, pressupõe um sujeito psicológico, individual, dono de suas ações, que elabora uma ideia, uma representação mental, e procura expressá-la por meio da língua para que o receptor possa captá-la da mesma maneira que foi mentalizada (Koch, 2006).

O receptor, por meio da língua, busca assimilar e entender o que foi dito pelo falante, portanto, cumpre um papel passivo na comunicação. A produção é interna, individual, sem interferência da parte social.

Nessa concepção, portanto, a língua é entendida como um sistema de normas organizadas logicamente, necessárias para a organização lógica do pensamento. Em outras palavras, falar e escrever bem significaria organizar bem os pensamentos. Para isso, a norma culta é considerada a forma correta e eficiente para a comunicação.

O ensino da língua, segundo essa concepção, está relacionado com a gramática tradicional, prescritiva ou normativa (Gomes, 2011). Castilho (2014, p. 92) apresenta uma definição interessante para essa linha teórica, que seria a da língua como "um conjunto de usos bons".

1.1.2 Língua como meio de comunicação

Para compreender essa concepção, tomemos como referência os elementos da comunicação: emissor (quem emite a mensagem), receptor (quem recebe a mensagem), a mensagem (conteúdo a se transmitir), o canal (meio pelo qual a mensagem é transmitida) o código (a língua, um conjunto de sinais) e o contexto (situação em que ocorre a comunicação).

Agora, delimitemos especificamente o código da comunicação, a língua, entendida como um sistema, um conjunto estruturado de signos organizados por meio de regras, que funciona como um instrumento de transmissão de informações. A comunicação se faz possível quando emissor e receptor conhecem o código.

O ponto central está no sistema, no código, em seu processo interno de organização, em suas regras, elementos e níveis hierárquicos, e não no sujeito que elabora a mensagem, tampouco no sujeito que a recebe. A prioridade está na forma, no aspecto material da língua, que é estudado de maneira isolada, também independentemente do contexto situacional, pois o importante é o enunciado resultado da interação. Segundo Castilho (2014, p. 46), nesse caso, "o enunciado é visto como um produto acabado, como um sistema que importa entrever por detrás dos diversos usos linguísticos concretos".

O ensino, segundo essa concepção, está relacionado com a gramática descritiva (Gomes, 2011).

1.1.3 Língua como ação

Diferentemente das anteriores, a concepção da língua como ação pondera as influências dos contextos social e histórico na comunicação, considerando a linguagem como um lugar de interação humana, de construção de relações sociais. Os sujeitos cumprem, assim, um papel ativo na interação e na produção social, em uma relação dialógica, na qual se constroem e são construídos (Koch, 2006).

O sujeito é um agente social que influencia e, ao mesmo tempo, é influenciado pelo ouvinte e pelo contexto, em uma interação verbal e social, em uma construção coletiva da experiência. E a língua é o elemento/ambiente que permite essa construção.

Sobre essa concepção dialógica, Bakhtin (citado por Koch, 2006, p. 15-16) afirma que "é um sujeito social, histórica e ideologicamente situado, que se constitui na interação com o outro. Eu sou na medida em que interajo com o outro. É o outro que dá a medida do que sou. A identidade se constrói nessa relação dinâmica com a alteridade".

Trata-se de uma visão bastante ampla do alcance da língua, que enfoca o sujeito, as condições de produção do discurso, as relações de sentido entre os interlocutores, a intenção, a dialogia, a argumentação etc. Abre-se, consequentemente, o espectro das áreas de pesquisa e estudo.

O estudo da língua já não se coloca apenas sobre a gramática, como uma disciplina autônoma e independente, senão que configura um ponto de encontro entre diferentes disciplinas, como a sociologia, a antropologia, a psicologia, a filosofia entre outras.

Temos, portanto, três abordagens diferentes para o conceito de língua: (1) como expressão do pensamento, (2) como meio de comunicação e (3) como ação entre sujeitos sociais.

Como você entende o que é a língua? Alguma dessas definições faz mais sentido para você?

Cabe ressaltar, aqui, que não pretendemos apontar alguma dessas teorias como mais correta que as outras, mas sim podemos entender cada uma como um ponto de vista diferente da mesma realidade, como ângulos de visão sobre os mesmos fenômenos, e que, portanto, podem ser tomadas como complementares. Todas podem ser úteis neste estudo.

Contudo, como o enfoque do estudo da língua que estamos fazendo é de caráter mais cultural do que técnico, a terceira concepção parece oferecer mais subsídios para nossa análise.

umpontodois
Conceitos de cultura

Uma cultura é um vasto conjunto de conhecimentos e práticas que surgem da produção e da interação entre os membros de uma sociedade. A cultura vai perdurando e evoluindo com o passar do tempo, por meio da ação de cada indivíduo que participa de sua construção, recebendo, disseminando, criando. O ser humano é um ser social e, por conseguinte, cultural. Nesse sentido, podemos afirmar que a cultura é o acúmulo dos conhecimentos que a sociedade foi capaz de assimilar, adquirir, desenvolver.

A cultura é um tema amplo, que abrange muitas áreas do conhecimento, por essa razão há muitas definições e conceitos sobre ela dependendo da perspectiva que a concebe.

Canedo (2009) aponta para três possíveis maneiras de se conceber cultura: (1) modos de vida que caracterizam uma coletividade; (2) obras e práticas da arte, da atividade intelectual e do entretenimento; (3) fator de desenvolvimento humano.

A segunda e a terceira concepções são mais específicas; a primeira, mais abrangente, por considerar todos os modos de vida de uma sociedade, portanto pode envolver quaisquer conhecimentos e atividades humanas, incluindo as artísticas e intelectuais.

Por essa razão, esta obra será embasada na primeira concepção, visto que se relaciona com nossa abordagem.

Na mesma linha, um conceito tradicional de cultura, do antropólogo E. B. Taylor (citado por Thompson, 1995, p. 171), explica que cultura:

> *tomada em seu sentido etnográfico amplo, é aquele todo complexo que inclui conhecimento, crença, arte, moral, lei, costume e todas as demais capacidades e hábitos adquiridos pelo homem enquanto membro de uma sociedade. A condição da cultura entre as diversas sociedades da espécie humana, na medida em que é passível de ser investigada nos princípios gerais, é um tema apropriado para o estudo do pensamento e da ação humanos.*

Esse conceito é também abrangente porque inclui o "saber como fazer", os conhecimentos de um povo, seus costumes, sua ciência; o aspecto religioso, que envolve suas crenças, seus mitos e suas relações com o espiritual; sua moral e suas leis, ou seja, sua noção de certo e de errado, de justo ou injusto, sua visão de mundo; suas manifestações e seu fazer artístico, a fruição com base nas criações e na beleza; e toda uma gama de hábitos e de tradições que possam compor os modos de vida possíveis a membros dessa sociedade.

Outra perspectiva para nos auxiliar no conceito de cultura é sua origem etimológica: o termo deriva do latim *culturae*, que significa "ação de tratar" ou "cultivar", ou seja, indica o cultivo de algo. Seria como dizer que as sociedades humanas cultivam formas de ser, de pensar, de crer, de se expressar, de produzir, de viver, de conviver, enfim, de se relacionar uns com os outros e com o mundo. Da mesma maneira que uma família cultiva alimentos na agricultura, preserva e transmite suas técnicas, uma sociedade cultiva modos de vida e os transmite às próximas gerações. Cada indivíduo assimila, preserva e transmite a cultura mesmo sem saber.

É interessante pensarmos que cada um de nós participa da construção e da manutenção social como agente condutor de modos de vida que se perpetuam por meio do tempo. Você já tinha pensado sobre isso? Consegue se ver como portador e propagador de uma cultura?

E como a estamos cultivando? Quais aspectos da cultura, de alguma forma, foram transmitidos para cada um de nós e que estamos mantendo e transmitindo adiante?

Quais papéis esses elementos cumprem em nossa identidade, em nossa visão de mundo? De que forma influenciam nossos valores? Aquilo que consideramos importante, correto, valioso etc.

De algum modo, a cultura nos ajuda a ser, fornece-nos os subsídios para nossos modos de existir, tal como uma escola culinária ensina as receitas e os modos de entender e se relacionar com os ingredientes, com os utensílios etc.

Portanto, em boa parte, conhecer a cultura de nossa sociedade é conhecer quem somos, como vemos e fazemos as coisas, o que nos faz sentir bem e o que faz sentido para nós. E conhecer nos leva a reconhecer o valor, ou os valores, das expressões de nossa cultura.

É comum, por exemplo, ouvir a história de algum brasileiro que viveu fora do Brasil por um tempo e, depois disso, passou a valorizar elementos da cultura brasileira, como a comida, a música, as reuniões de amigos, os programas de TV, até a própria língua. E o que acontece nesses casos? Enquanto vivemos em nosso ambiente de origem, estamos tão imersos nessa cultura que não percebemos com clareza seus elementos. Entretanto, uma vez que nos retiramos para um contexto diferente, de outras referências, de outra cultura, passamos a sentir falta e a perceber o valor de nossa cultura de origem.

Ao valorizarmos, usufruímos, apoiamos, participamos mais e, de alguma forma, sentimo-nos parte dela e apreciamos suas raízes. Sendo assim, cuidamos do que já consideramos um patrimônio de nossa sociedade. E justamente por nos tornarmos conscientes de nossos hábitos e ações que podemos até identificar algum hábito que seja contestável ou que acreditamos que deveria mudar ou melhorar. Em outras palavras, podemos questioná-los, alterá-los, aperfeiçoá-los em razão da consciência que temos deles.

Estaríamos sendo, portanto, construtores, cocriadores de nossa cultura. De certo modo, já fazemos isso porque as culturas estão em constante evolução por meio do fazer de cada um de seus integrantes. Mas fazê-lo conscientemente é um tanto melhor.

Em razão de sua herança multicultural, o brasileiro já tem o frequente costume de combinar elementos assimilados das culturas antepassadas e, assim, criar possibilidades novas. Quando se dá conta disso, redescobre algo de sua identidade, de sua participação e colaboração com o mundo.

umpontotrês
Língua, cultura e pensamento: hipótese da relatividade linguística

Será que a cultura influencia a língua? Ou a língua influencia a cultura? Segundo Câmara Jr. (1955, p. 54), "a língua, em face do resto da cultura, é o resultado dessa cultura, ou sua súmula, é o meio para ela operar, é a condição para ela subsistir. E mais ainda: só existe funcionalmente para tanto: englobar a cultura, comunicá-la e transmiti-la".

De acordo com essa visão, a língua acompanha e transmite a cultura e, de certa forma, também se molda por ela. A cultura se transforma em razão das mudanças de costumes e de comportamentos humanos e também dos avanços em termos científicos e tecnológicos, e, à medida que a cultura se transforma, surgem termos, expressões e recursos linguísticos que representam as novas formas de agir.

Vejamos, por exemplo, os avanços da tecnologia na informática. Com essa evolução científica, social e cultural, quantos novos termos e expressões surgiram para referir objetos e fazeres próprios de todas essas mudanças? No idioma inglês, por exemplo, surgiram muitos termos como *desktop, download, software, e-mail, modem, internet, ethernet* etc. A maioria desses termos, de modo geral, foi absorvida pelo português, inclusive alguns se conjugam como verbos do português, como deletar, resetar, postar, bootar etc.

A área da medicina estética é outro exemplo bastante próximo. Quantos termos e expressões surgiram para referir tratamentos, instrumentos e procedimentos que não existiam décadas atrás? Lipoaspiração, *botox*, bandeide etc.

Mais próximos ainda de nossa realidade estão as expressões relacionadas a certos comportamentos, como *de boa*, *tamo junto*, *é nóis* etc. Nossa própria noção de identidade está permeada tanto por atitudes como por expressões linguísticas próprias do grupo do qual fazemos parte.

Não é difícil notar que a língua acompanha a cultura, atende às necessidades comunicacionais da sociedade, portanto podemos afirmar que a cultura influencia a língua. As mudanças e os movimentos que surgem no comportamento humano levam à criação de recursos linguísticos. A cultura vai evoluindo, modificando-se e, assim, a língua também vai sendo alterada como parte integrante dessa cultura.

Da mesma forma que a cultura influencia as mudanças na língua, é possível considerar que haja influência da língua na cultura? Será que a língua influencia nosso pensamento? Para tratar da inter-relação entre língua, cultura e pensamento, apresentaremos uma série de estudos realizados no início do século passado no tópico a seguir.

1.3.1 Hipótese Sapir-Whorf da relatividade linguística

Na década de 1920, Edward Sapir (1884-1939), antropólogo, e Benjamin Lee Whorf (1897-1941), ambos estudiosos da linguística, desenvolveram pesquisas comparando diferentes sociedades e a maneira como utilizavam a língua para nomear, definir e se relacionar com o mundo. Mais tarde, em razão da repercussão do trabalho e da consideração de outros autores, o estudo seria batizado como *hipótese Sapir-Whorf*.

Eles perceberam que cada sociedade, por meio de sua língua, definia e conceituava os objetos e fenômenos da vida de modo diferente, não apenas usando palavras diferentes, mas também conceitos e medidas diferentes para as mesmas coisas da vida, como números, cores, tempo, espaço etc.

A tese dos dois pesquisadores é que as línguas não são apenas variações de expressões para os mesmos significados, universais e estáveis, mas também há concepções diferentes e particulares de cada povo em relação à realidade, que não necessariamente coincidem. Os termos de cada idioma não são etiquetas ou rótulos para os mesmos objetos. Por isso, muitas vezes, há dificuldade no processo de tradução porque nem sempre há palavras entre idiomas, que expressam exatamente o mesmo significado.

Um exemplo famoso dessa afirmação é a questão da palavra *saudade*, do português, que não tem tradução exata em certos idiomas, como o inglês, por exemplo. É claro que existem formas de se traduzir uma sentença ou uma ideia com termos aproximados, como *miss* (sentir falta) e *longing* (ansiar). Mas não há uma tradução direta, literal, do termo *saudade*.

Marques (2014, p. 5), em sua obra *Relativismo linguístico revisitado*, apresenta um histórico dos pesquisadores e a fundamentação da teoria. Vejamos um conceito da autora sobre a proposição-base dessa hipótese:

a estrutura da língua de um ser humano influencia o modo pelo qual ele entende a realidade e se comporta em relação a ela. Este postulado demonstra (ou pretende demonstrar), que a língua pode ter um papel muito mais ativo sobre o pensamento do que até então tinha sido considerada. A língua, portanto, deixa de ser considerada apenas como uma ferramenta de expressão ou comunicação, e é vista como tendo uma nova função, a de determinar ou influenciar o pensamento e, consequentemente contribui para diferentes análises e comportamentos.

Várias questões foram levantadas com base nessas proposições. Uma delas seria saber se, uma vez que falantes de diferentes línguas nomeiam e conceituam as mesmas coisas de outro modo, percebem-nas também de outro modo? Será que pensam de outro modo? Em outras palavras, estaria a língua modelando a forma de pensar do ser humano? No próximo tópico, apresentaremos alguns estudos sobre essa questão.

1.3.2 Língua hopi e os conceitos de tempo

Benjamin Whorf, com base em uma pesquisa sobre a língua hopi, uma íngua uto-asteca, de um povo do Arizona, Estados Unidos, constatou que não há termos, nessa língua, para exprimir o conceito de tempo. Não haveria "referência implícita ou explícita a tempo, nem tempos verbais, substantivos que denotassem intervalos de tempo (como *dia* ou *hora*) ou metáforas de tempo-espaço (por exemplo, período *longo* ou *curto* de tempo)" (Gipper, citado por Sampaio, 2018, p. 233). Não se organizam as ações entre presente e passado, como se faz nas línguas ocidentais modernas, como o português, por exemplo. As ações são tratadas como concluídas ou não concluídas.

O estudo sugere que os membros do povo hopi poderiam ver e pensar a realidade de modo diferente dos ocidentais modernos, que se baseiam em conceitos de tempo em grande parte das situações cotidianas. Frente a essas diferenças, alguns questionamentos que poderiam surgir para nós, ocidentais, seriam: Como esse povo faria para planejar ações futuras e organizá-las em uma sequência? Ou agendar uma atividade coletiva, sem o conceito de horas para iniciar? E como poderiam calcular a duração de uma determinada tarefa? Para uma mente ocidental, é difícil imaginar uma organização social sem os conceitos de tempo e de duração. Será que esses indivíduos, por influência da língua, teriam uma visão de mundo diferente da nossa? E a língua estaria "limitando" sua percepção ou apenas configurando-a de uma forma diferente? Muitas inquietudes são geradas pela teoria.

No entanto, é importante notar que o povo hopi, mesmo com essas diferenças linguísticas e conceituais, é uma sociedade funcional. Em outras palavras, apesar de nos parecer (aos ocidentais) impossível realizar certas tarefas sem utilizar conceitos de tempo, como ilustrado nas perguntas anteriores, esse povo é plenamente capaz de se organizar coletivamente e executar suas atividades. Por essa razão, apresentamos essas perguntas em caráter reflexivo, não para buscar resposta a cada uma delas, mas sim para ilustrar as diferenças de concepção da realidade entre nós e esse povo. Essa mesma didática utilizaremos nos exemplos que serão dados a seguir. Ressaltamos que todas as sociedades estudadas nas pesquisas aqui mencionadas são funcionais e capazes de se comunicar com eficiência, apesar das diferenças linguísticas.

1.3.3 Língua bassa e a percepção das cores

Outro exemplo interessante é o da língua bassa, falada na Libéria, África, que divide o espectro visual em apenas duas cores. Enquanto um falante de português utiliza sete termos para se referir às cores do arco-íris, um falante de bassa utiliza dois. Se nós fizemos um "recorte" do espectro visual em sete blocos, eles fizeram em apenas dois: *hui e ziza*. Ainda que existam termos para se referir a nuances mais detalhadas das cores, que poderia ser algo como *hui claro* ou *hui escuro*, mesmo assim, os termos gerais, os nomes das cores, são somente dois (Gleason, citado por Lopes, 1980, p. 22).

Essas diferenças linguísticas também abrem o leque para uma série de interrogações sobre o fato de os falantes desse idioma realmente perceberem, ou não, diferentemente as cores. Será que enxergam de outro modo? Uma vez que temos a mesma capacidade visual, biológica, será que a língua altera a percepção, a maneira de "ver" o mundo? Essa é uma das principais questões levantadas pela hipótese da relatividade linguística. Mais adiante, após a exposição dos exemplos, veremos a conclusão para a questão.

Quadro 1.1 – As cores na língua portuguesa e na língua bassa

Língua portuguesa	Bassa
roxo	hui
anilado	
azul	
verde	
amarelo	ziza
alaranjado	
vermelho	

FONTE: Lopes, 1980, p. 22.

1.3.4 Língua pirarrã e o conceito de números

A língua pirarrã, falada pelo povo indígena Pirarrã, da Amazônia, Brasil, não tem palavras para se referir a números exatos, mas apenas para conceitos gerais de quantidade, como *poucos* e *muitos* (Boroditsky, 2011).

Seguindo a análise que estamos fazendo, do contraste entre a abordagem linguística desses povos e a abordagem ocidental, vejamos possíveis questões que poderiam surgir e que, possivelmente, intrigavam os pesquisadores na época: Como essas pessoas lidariam com tarefas de cálculo mais complexas? Como calcular a preparação de comida para muitas pessoas, por exemplo?

Se houver dez pessoas a mais para comer, quanta comida a mais será adicionada? E se houver 20 pessoas a mais? Como se efetuariam os cálculos?

Será que essa limitação da língua poderia impor, também, uma limitação na cognição de seus falantes? Em sua capacidade de entender e de realizar tarefas eficientemente? Ou seriam apenas modos diferentes, porém igualmente eficientes, de se fazer as coisas?

Esses questionamentos, como ilustração das diferenças linguísticas e conceituais, nos ajudam a visualizar a prerrogativa da hipótese e norteiam nossa análise, que logo chegará à sua conclusão.

1.3.5 Língua kuuk thaayorre e a orientação no espaço

A língua kuuk thaayorre, falada pelo povo aborígene da Austrália, denominado Pormpuraaw, não tem termos que indiquem direita e esquerda, como no português. Para indicar a posição de algo no espaço, utilizam os pontos cardeais: norte, sul, leste e oeste. Seria como dizer "a cadeira está a leste da mesa" em vez de "a cadeira está à direita da mesa".

O mais interessante, no entanto, é que utilizam os pontos cardeais absolutos, reais, e não relativos à posição da pessoa que fala. Por exemplo, se estamos vendo uma mesa com um prato e um garfo, lado a lado, temos de saber exatamente a posição dos pontos cardeais, o que pode ser verificado com uma bússola, para poder afirmar, por exemplo, que "o garfo está a leste do prato".

E se virarmos a mesa a 180°, sem mexer nos objetos, diremos que "o garfo está a oeste do prato" porque, nesse segundo momento, estaria na direção desse ponto cardeal.

Sendo assim, em Pormpuraaw, para que uma pessoa possa falar corretamente, "deve estar permanentemente orientado" (Boroditsky, 2011).

Façamos uma reflexão para ilustrar a questão. Você saberia dizer para qual lado está o sul neste momento? Quais objetos estão mais ao sul e quais estão mais ao norte no local onde você se encontra? É diferente encarar as coisas dessa maneira, não? Imagine como seria se você tivesse de estar o tempo todo atento à posição dos pontos cardeais. Essa seria apenas uma mudança de costumes ou uma mudança em sua cognição?

1.3.5.1 Relação entre o espaço e o tempo na língua kuuk thaayorre

Estudos sugerem que pessoas que pensam diferentemente sobre o espaço podem também pensar diferentemente sobre o tempo.

Um experimento mais recente de Lera Boroditsky (2011), pesquisadora de universidades norte-americanas, consistia em apresentar sequências de imagens com sucessões de eventos temporais, como o crescimento de uma planta e o envelhecimento de um homem, e pedir aos participantes que colocassem as imagens em ordem.

Os falantes do inglês colocaram as imagens da esquerda para a direita, mas os falantes do kuuk thaayorre organizaram as imagens do leste para o oeste. Quando estavam sentados frente ao norte, as imagens estavam da direita para a esquerda, quando estavam frente ao sul, as imagens estavam da esquerda para a direita, e, quando estavam frente ao leste, as imagens estavam de cima para baixo. Em nenhum momento foi dito a eles em qual direção estavam situados ou como deveriam proceder (Boroditsky, 2011).

Seguindo nossas reflexões, podemos pensar sobre as seguintes questões: Como você organizaria as imagens de sucessão temporal? Da esquerda para a direita? E por quê? Por que não da direita para a esquerda? Será que há, em seu caso, um condicionamento cognitivo, uma tendência para fazer de certa forma? Esse condicionamento seria decorrente da língua portuguesa? Interessante, não?

umpontoquatro
A língua modela o pensamento?

A noção de que diferentes idiomas possam transmitir diferentes habilidades cognitivas remonta a séculos (Boroditsky, 2011), e, com base em Sapir e Whorf, essa temática se popularizou entre pesquisadores da linguística e da antropologia.

O debate e as diferentes interpretações das proposições de Sapir e de Whorf geraram duas principais versões da hipótese: a versão forte e a versão fraca.

A versão forte seria definida como determinismo linguístico, por meio do qual a língua determina os conceitos, as ideias, portanto, o pensamento. Em outras palavras, a forma de uma pessoa pensar está condicionada aos conceitos, termos e referências que sua língua lhe fornece. Consequentemente, caso haja certa limitação no "recorte" conceitual que a língua faz de algum aspecto – como no exemplo do pirarrã, que não tem conceitos de números –, isso implicaria, inevitavelmente, uma limitação de ideias e de pensamentos do falante, que, nesse caso, teria dificuldade em lidar com números exatos.

Essa versão foi bastante criticada e, atualmente, não encontra respaldo entre a comunidade científica (Kramsh, 1998; Pinker, 2002, citados por Tilio, 2007).

A versão fraca ficou conhecida como *relativismo linguístico* e sugere que a linguagem exerce influência sobre a forma de pensar, assim "a relatividade linguística pode ser entendida como a relação entre linguagem e pensamento, mediada pela cultura. Ou seja, a cultura, através da linguagem, afeta o nosso modo de pensar, principalmente, devido às nossas experiências de vida" (Gumperz; Levinson, citados por Tilio, 2007, p. 108).

Para aprofundar nossa abordagem, vejamos algumas definições dos criadores da teoria. Segundo Sapir (1961, p. 20, 21):

> *O fato inconcusso é que o "mundo real" se constrói inconscientemente, em grande parte, na base dos hábitos linguísticos do grupo. Não há duas línguas que sejam bastante semelhantes para que se possa dizer que representam a mesma realidade social. Os mundos em que vivem as diversas sociedades humanas, são mundos distintos e não apenas um mundo com muitos rótulos diversos... Se vemos, ouvimos e sentimos, de maneira geral, tal como o fazemos, é em grande parte porque os hábitos*

linguísticos de nossa comunidade predispõem certas escolhas de interpretação.

Segundo Whorf (citado por Sampaio, 2018, p. 233):

Deste fato procede o que eu chamei de 'princípio da relatividade linguística', que significa, simplificando, que usuários de gramáticas marcadamente diferentes são direcionados por suas gramáticas a diferentes tipos de observações e diferentes avaliações de atos externamente similares, e, portanto, não são observadores equivalentes, já que chegariam a visões de mundo de alguma forma diferentes.

Nas definições citadas, vemos a base da hipótese de que as línguas oferecem diferentes representações da realidade e que direcionam seus falantes a diferentes tipos de observação de fenômenos similares, induzindo, portanto, a cognição e o pensamento.

1.4.1 Controvérsia à hipótese

Alguns autores, como Helmut Gipper e Steven Pinker, apresentam controvérsias para as proposições de Whorf e do relativismo linguístico. Gipper, por exemplo, aponta para diversas falhas na pesquisa com os hopi e afirma que existem, sim, naquele idioma, referências a noções de tempo, apesar de aquele povo entender o tempo de maneira diferente, como um fenômeno cíclico, uma repetição de eventos. E as diferenças entre o modo de pensar dos Hopi e o dos europeus "não são tão radicais quanto alegava o linguista" (Sampaio, 2018, p. 234).

Segundo Sampaio (2018), Whorf não fez uma imersão na cultura hopi e desenvolveu sua pesquisa por meio de um informante, o que, portanto, limitou sua compreensão do idioma.

Gipper (citado por Sampaio, 2018, p. 234), contestando a ideia do relativismo linguístico, conclui que:

> *o pensamento humano é, certamente, relativo às possibilidades das línguas em que é expresso, mas não é determinado pelo idioma. Cada língua natural representa um sistema aberto e, portanto, é aberto para ser alterado pelos falantes. Existem traços universais nas línguas naturais porque todas dependem das condições gerais da existência e da vida humana. [...] No entanto, na ampla zona intermediária em que ocorrem a vida e o comportamento humano, encontramos diferenças que caracterizam culturas e civilizações. É altamente importante e relevante descobrir essas diferenças. Portanto, temos de investigar as visões do mundo linguístico das línguas dadas para encontrar uma chave para uma melhor compreensão entre as pessoas deste mundo.*

Segundo essa visão crítica, a língua exerce relativa influência sobre o pensamento e a cultura, mas não os determina. A língua é considerada um sistema aberto, que depende das condições gerais da existência humana e que pode ser alterado pelos falantes. Há, entretanto, uma ampla "zona intermediária" do comportamento humano, em que estão características e peculiaridades daquele povo que se expressam como diferenças linguísticas e que devem ser investigadas, na busca de entendermos melhor a comunicação e a compreensão entre os seres humanos.

1.4.2 Abandono e retomada da hipótese

Após uma sequência de críticas, especialmente nos anos 1970, essa teoria foi deixada de lado por um tempo. Recentemente, porém, com o avanço de certas descobertas, ela voltou a emergir como uma possibilidade factível. Segundo Boroditsky (2011), "um sólido corpo de evidências empíricas demonstrando como os diferentes idiomas modelam o pensamento finalmente emergiu". A partir de então, as pesquisas sobre o tema voltaram a acontecer.

Nos estudos sobre a natureza da linguagem, a relação entre linguagem, pensamento e cultura é um ponto fundamental, entretanto, a forma como eles se relacionam tem sido motivo de controvérsia e, ao mesmo tempo, de interesse no ramo da pesquisa.

Se, atualmente, a linguagem já não é considerada determinante na formação do pensamento, ela é estudada como fator influente, que exerce um papel na formação do pensamento habitual, porque, quando elaboramos proposições sobre algo, estamos fazendo escolhas entre palavras e aspectos gramaticais que pertencem a uma língua, a um sistema, que tem seu próprio recorte da realidade, com seus conceitos e significados que, de algum modo, influenciam as escolhas.

Lera Boroditsky, pesquisadora que, atualmente, dá continuidade a essa área de estudos, conclui que:

> *a investigação sobre a forma como o idioma que falamos molda a nossa forma de pensar está ajudando os cientistas a desvendar o modo como criamos o conhecimento e construímos a realidade e como conseguimos ser tão inteligentes e sofisticados. E essa percepção ajuda-nos a compreender exatamente a essência daquilo que nos faz humanos.* (Boroditsky, 2011)

Diante dessas considerações, pode permanecer a questão se a cultura modela a língua ou se a língua modela a cultura. Como já observamos, a língua segue as necessidades culturais e vai se adaptando à sua evolução, porém, segundo esses estudos, a língua também ajuda a modelar a cultura porque transmite conceitos e significados que usamos para pautar a cognição, a apreensão da realidade, a elaboração do pensamento e, por conseguinte, a construção da realidade.

Em outros termos, poderíamos dizer que língua, cultura e pensamento inter-relacionam-se, influenciam-se mutuamente, constroem-se e reconstroem-se na evolução das civilizações.

umpontocinco
Língua e cultura no Brasil

Após o estudo de língua e de cultura, finalizaremos com uma reflexão sobre o Brasil, com o objetivo de ampliar nossa visão sobre nossa cultura e instigar nossa curiosidade investigativa, tomando como referência a hipótese da relatividade linguística, estudada neste capítulo.

Façamos uma reflexão: Como observamos o contexto cultural e linguístico brasileiro após essas análises? Como o português brasileiro recorta a realidade? Como isso influencia nossa maneira de ser, pensar e perceber o mundo? Quem somos e quanto devemos à nossa língua e aos povos que a formaram?

Não há uma resposta única e correta para cada uma dessas perguntas. Cada leitor deve buscar sua resposta e, com esse exercício, relacionar o conteúdo estudado e sua cultura.

O Brasil é um país de tanta diversidade, uma mistura de diferentes povos, de diferentes épocas, regiões e contextos tão variados, por isso temos de considerar a infinidade de elementos culturais e linguísticos que foram combinados e que vêm se relacionando no decorrer dos séculos, criando resultados únicos, originais, que só existem aqui.

Consideremos que o país foi formado, inicialmente, por portugueses, que já eram uma mistura de povos romanos, ibéricos, germânicos, mouros, entre outros. Posteriormente, uniram-se a povos indígenas e africanos e, mais tarde, na história, a italianos, alemães, japoneses e vários outros que, talvez, em menor número, também deixaram sua contribuição.

E quais foram essas contribuições? Em quais aspectos fomos e somos influenciados por tantas culturas? Quais são os resultados de tantas mesclas?

Como são nossos hábitos? Nosso modo fazer as coisas, de cozinhar, de escolher os ingredientes, as receitas, os cardápios, a forma de preparo, a maneira de comer e até mesmo o gosto por determinados tipos de comida?

De onde vieram esses hábitos que estão em todas as áreas da nossa vida, fornecendo alguma referência de como atuar? Nossa forma de nos relacionar com as pessoas, de compartilhar ou nos reservar, nosso pensamento, nossos valores de certo e errado, de sucesso e fracasso, enfim, nossa forma de ver o mundo e entender as coisas, nossas crenças sobre a vida? Quais são os modos de vida de nossa cultura, quais são os modos de nossa língua?

Essas são questões que nos abrem os caminhos para os estudos que pretendemos desenvolver neste livro! Não temos a pretensão de encontrar respostas a todas, mas, certamente, elas nos ajudarão a refletir sobre as relações entre nossa língua, nossa cultura e nossa identidade.

No Capítulo 2, faremos um estudo sobre a história da língua portuguesa e dos povos que vieram se misturando até chegarmos ao povo e à língua que temos hoje.

Síntese

Neste capítulo, analisamos conceitos de língua e de cultura para ampliar nossa visão sobre a abrangência desses dois aspectos da vida humana. Língua e cultura se inter-relacionam, uma vez que uma influencia a outra. Tratamos da influência da cultura sobre a língua com exemplos da criação de novos termos e apresentamos um estudo sobre a influência da língua no pensamento, no comportamento e, consequentemente, na cultura.

De acordo com a hipótese Sapir-Whorf da relatividade linguística, cada língua faz um recorte diferente da realidade, com concepções particulares, e utiliza termos específicos para se referir a elas. E, como o recorte de uma língua não é o mesmo que o de outra, simplesmente traduzir os termos nem sempre expressa a correta concepção. Assim, temos a proposição de que cada língua induz a certas concepções, influenciando a cognição e o pensamento dos falantes, e, portanto, a cultura.

Apresentamos a visão controversa, que sugere que a língua não pode determinar o pensamento, pois ele estaria acima da língua, combinado com os comportamentos da cultura, que modelam a própria língua. Examinamos a continuidade da teoria com autores que adotam uma versão menos determinista, mas igualmente impactante, que considera que a língua exerce certa influência sobre o pensamento, modela o pensamento, em conjunto com a cultura, de certo modo como instrumento da cultura.

Por fim, dirigimos o olhar para a língua e a cultura brasileira, perguntando-nos o quanto a língua portuguesa do Brasil, com sua vasta diversidade cultural, pode induzir as nossas concepções, influenciar nossa cognição e nosso pensamento.

Essa perspectiva nos convida a conhecer mais sobre como somos como povo, sobre tantos elementos que fazem parte de nossa realidade, de nossa própria identidade, chamando-nos a reconhecer e valorizar as manifestações humanas que foram construídas pelos nossos antepassados e que são reavivadas e mantidas por nós mesmos, na atualidade.

Atividades de autoavaliação

1. Assinale a alternativa que melhor exprime o conceito de língua como ação.

   a. A língua é um espaço ou ambiente histórico-social de interação humana, onde os indivíduos se influenciam mutuamente e cumprem um papel ativo na construção coletiva da experiência.
   b. A língua é um código, um sistema, um conjunto organizado de signos estruturados a partir de regras, que funciona como um instrumento de comunicação. A condição para a comunicação é que os falantes conheçam o código.
   c. A língua é um instrumento de expressão do pensamento humano, e seu papel é transmitir fielmente o pensamento, tal como foi elaborado na mente de um sujeito pensador, dono de suas ações.
   d. A língua é um conjunto de processos criativos, que acontecem no interior do indivíduo. É uma atividade mental, de formulação do pensamento, antes de servir como elemento de comunicação.
   e. A língua é um conjunto de signos não organizados, sem regras, mas que pode servir como instrumento de comunicação, desde que os falantes conheçam os signos.

2. As possíveis formas de se conceber cultura, conforme a abordagem de Canedo (2009), são:

   I. Obras e práticas da arte, da atividade intelectual e do entretenimento.
   II. Técnicas agrícolas de plantio.
   III. Fator de desenvolvimento humano.
   IV. A arquitetura típica de um povo.
   V. Modos de vida que caracterizam uma coletividade.

Assinale a alternativa que apresenta corretamente os itens que completam o enunciado:
a. I, III e V.
b. IV e V.
c. II e V.
d. II, III e IV.
e. II e III.

3. Considerando a origem etimológica da palavra *cultura*, termo que, em latim, significa "ação de tratar" ou "cultivar", avalie as afirmativas a seguir.

I. Cultivamos hábitos e modos de vida assim como cultivamos plantas.
II. Cada indivíduo assimila, preserva e transmite a cultura, mesmo sem saber.
III. Cada cultura foi intencionalmente planejada, em todos os seus costumes e modos.
IV. Todos participamos como agentes ativos na construção e manutenção de nossa sociedade.
V. O conhecimento da própria cultura permite ao indivíduo valorizá-la e protegê-la.

Assinale a alternativa que apresenta as afirmativas corretas:
a. Apenas as afirmativas I e II são verdadeiras.
b. Apenas as afirmativas IV e V são verdadeiras.
c. Apenas as afirmativas II e V são verdadeiras.
d. Apenas as afirmativas II, III e IV são verdadeiras.
e. Apenas as afirmativas I, II, IV e V são verdadeiras.

4. Segundo a hipótese da relatividade linguística, cada sociedade, por meio de sua língua, define e conceitua os objetos e fenômenos da vida de modo diferente não apenas usando palavras diferentes, mas também conceitos e medidas diferentes para as mesmas coisas da vida, como números, cores, tempo, espaço etc. Em outros termos, cada língua faz um recorte diferente da realidade. Com base nessa premissa, assinale a alternativa **incorreta**:

a. O pensamento é anterior à linguagem e, portanto, independente dela.
b. O pensamento de um indivíduo está condicionado pela língua que ele fala.
c. Os falantes de diferentes línguas podem ter dificuldade em traduzir termos de uma língua para a outra.
d. Os falantes de diferentes línguas podem ter percepções distintas, da mesma realidade.
e. A elaboração do pensamento depende dos significados que a língua fornece.

5. Analise as afirmativas a seguir e marque V para as verdeiras e F para as falsas.
( ) A cultura pode influenciar a língua.
( ) A língua pode influenciar a cultura.
( ) A língua pode influenciar o pensamento.
( ) O pensamento não pode influenciar a língua.
( ) Língua, cultura e pensamento inter-relacionam-se, influenciam-se mutuamente.

Assinale a alternativa que apresenta a sequência correta:
a. F, V, V, F, V.
b. V, F, V, F, V.
c. V, V, V, F, V.
d. F, F, V, V, V.
e. V, V, V, F, F.

Atividades de aprendizagem

Questões para reflexão.

1. Será que a língua realmente pode influenciar o pensamento, como sugere a hipótese da relatividade linguística? Você consegue imaginar um exemplo prático disso? Qual seria esse exemplo?

2. Cada indivíduo participa da manutenção de sua cultura, pois assimila, utiliza e transmite hábitos, costumes, conhecimentos etc., mesmo sem saber. Você consegue visualizar a si mesmo nessa posição? Quais elementos culturais você percebe que assimilou e está mantendo em atividade?

Atividade aplicada: prática

1. Os costumes de uma cultura são transmitidos de geração a geração. Faça uma pesquisa sobre a culinária de sua família (ou de uma família conhecida), entrevistando, pelo menos, duas gerações (pais e avós). Pergunte sobre as técnicas de preparo de determinado prato e faça uma comparação entre elas, observando semelhanças e diferenças. Verifique se é possível concluir que a geração mais nova absorveu técnicas da geração anterior.

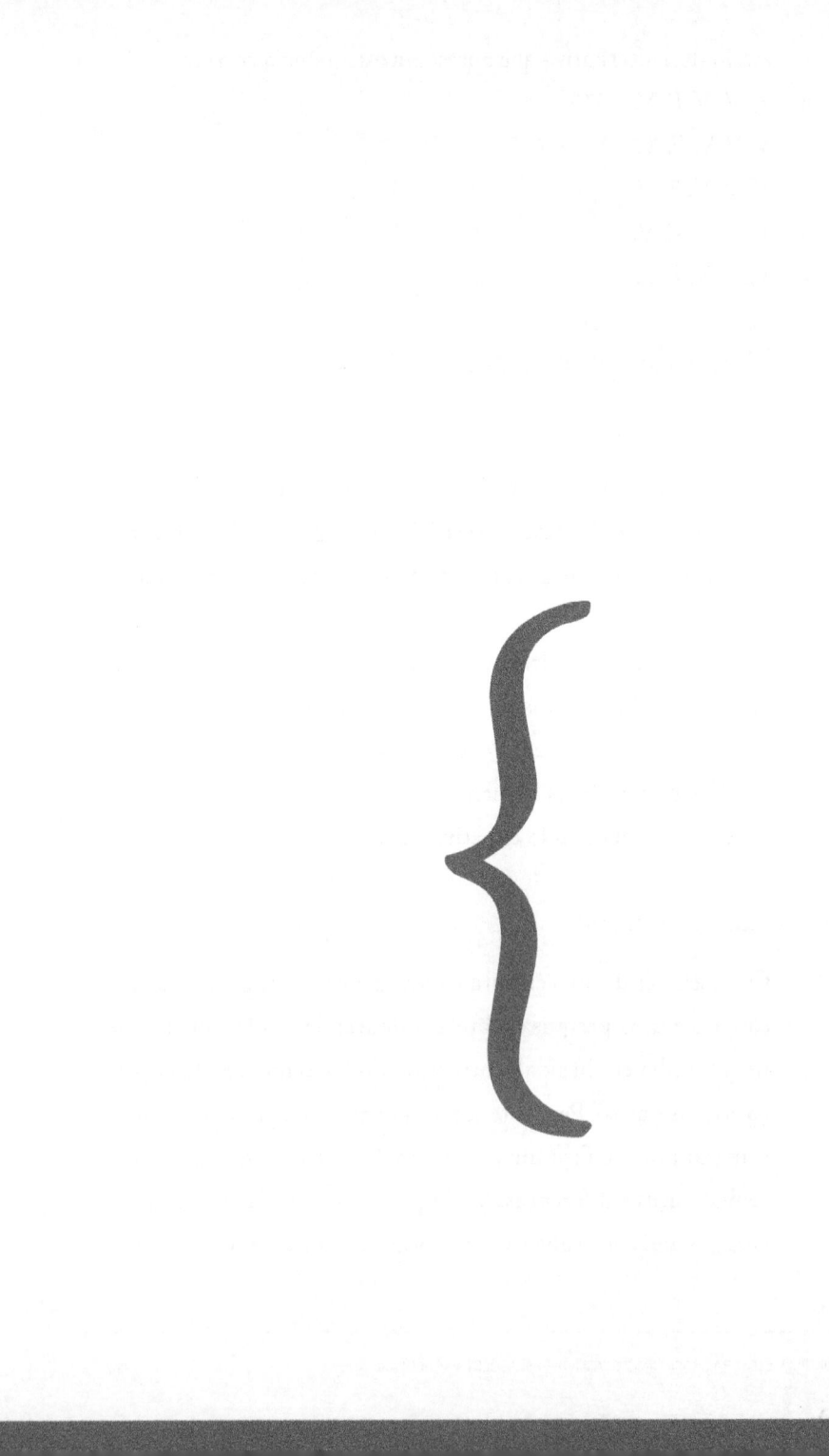

{

um   Língua e cultura
dois   Origens e formação do português brasileiro
três   Português brasileiro e português europeu: principais diferenças
quatro   Variações linguísticas no português brasileiro
cinco   Traços da personalidade brasileira
seis   Música, língua e cultura brasileira

{

❰ NESTE CAPÍTULO, TRATAREMOS de aspectos gerais da formação do português brasileiro, desde as origens da língua portuguesa no continente europeu até seu posterior desenvolvimento em solo brasileiro.

As línguas estão em um constante processo de mudança, relacionado ao avanço sociocultural de seu povo. Como estudamos no capítulo anterior, a língua acompanha a cultura para atender às suas necessidades. Esse fenômeno, conhecido como *mudança linguística*, é matéria de estudo da linguística histórica. Segundo Ivo Castro (1991, p. 11), "mudam as palavras o seu significado para melhor servir a expressão do pensamento, criam-se palavras para representar novos objetos e ideias, enquanto outras palavras caem em desuso".

As mudanças, contudo, não ocorrem apenas no nível léxico, mas em todos os domínios da gramática: fonético-fonológico, morfológico, sintático, semântico e até pragmático.

Assim, a história de cada língua está relacionada com a história de seu povo, portanto, no estudo histórico da língua, é necessário incluir os principais movimentos históricos daquela sociedade, que estarão interligados aos movimentos linguísticos.

Castro (2004) identifica três dimensões para a ocorrência dos fenômenos de mudança linguística:

1. Variação social (ou diastrática): a língua muda de acordo com as características e a estrutura da comunidade que a fala.
2. Variação geográfica (ou diatópica): a língua muda de acordo com a região em que é falada.
3. Variação cronológica (ou diacrônica): a língua muda com passar do tempo.

O breve estudo que faremos da história dos povos que originaram o português brasileiro permitirá uma observação nessas três dimensões.

Analisando a linguística histórica, encontramos uma vertente chamada *linguística histórico-comparativa*, linha de pesquisa baseada na comparação entre línguas, com base em suas semelhanças e diferenças. Esses estudos permitiram organizar as línguas em famílias linguísticas, estabelecer o parentesco entre elas e desenhar a árvore genealógica das línguas. O exemplo mais comum desse caso é o do latim, considerado uma língua-mãe das línguas latinas (ou românicas), como o italiano, o francês, o espanhol, o português, o romeno etc.

Segundo essa teoria, o antepassado mais distante da língua portuguesa seria o protoindo-europeu, língua raiz do indo-europeu, que é um conjunto das línguas que originaram a maioria das línguas europeias (incluindo o grego e o latim) e que eram faladas, provavelmente, a partir de 4000 a.C.

Teoricamente, o latim derivou de uma das famílias do indo-europeu e o português derivou do latim.

Nossa abordagem histórica da origem da língua portuguesa iniciará a partir da chegada dos romanos (e do latim) na península ibérica, no século III d.C.

Foram séculos de história, marcados por invasões e contatos entre diversos povos. Em um primeiro momento, pelo contato entre os invasores romanos e os povos que ali habitavam. Mais tarde, pelas invasões germânicas e muçulmanas, culminando na consolidação da língua portuguesa nos séculos XII e XIII.

Vamos ilustrar com exemplos algumas contribuições do latim e das línguas germânicas e árabes para a formação do galego-português, idioma que, mais adiante no tempo, daria origem à língua portuguesa.

A partir do século XVI, durante a Era das Navegações, os portugueses levaram seu idioma a terras longínquas, entre elas, o Brasil. Estudaremos como as línguas indígenas e africanas contribuíram para a formação e a consolidação do idioma que hoje conhecemos como português brasileiro, adicionando, por fim, as influências da imigração europeia que ocorreu a partir do final do século XIX e que também deixou suas marcas na língua.

Vamos embarcar nessa viagem, "começando pelo começo": a chegada dos romanos à península ibérica.

doispontoum
Origens da língua portuguesa na Península Ibérica

A Península Ibérica é uma porção de terra localizada no Sudoeste da Europa, região que compreende Portugal e Espanha, limitada, a nordeste, com a França e com Andorra e, ao sul, com o Marrocos, na África, através do estreito de Gibraltar.

No período anterior à chegada dos romanos, vários povos, com culturas e línguas diversas, habitavam a região fazia séculos, entre eles iberos, celtas, gregos, fenícios e cartagineses. Vamos nos referir a esses povos, de modo geral, com o termo *celtibéricos*.

2.1.1 Dominação romana

Por volta do século III a.C., povos cartagineses, que tinham sua base em Cartago, no Norte da África, estavam se expandindo, invadindo diferentes regiões da Europa, entre elas a Sicília e a Península Ibérica, configurando uma forte ameaça ao poder de

Roma. Com o objetivo de deter a expansão cartaginesa, no ano 218 a.C., os romanos ocuparam a Península Ibérica. Isso marca um importante episódio das guerras púnicas: guerras entre romanos e cartagineses, que já tinham começado em outras regiões. Após algumas décadas de luta, os romanos saíram vitoriosos e consagraram o domínio da península.

Em razão de suas habilidades militar e política, os romanos foram se expandindo pelo território, iniciando pelo sul e se dirigindo para o norte da península, estabelecendo seu governo, sua cultura, seu idioma. A ocupação foi gradual e durou dois séculos, e o latim foi se tornando, gradativamente, a principal língua de quase todos os povos ibéricos.

O povo basco foi o único que conseguiu manter sua língua pré-românica, que sobreviveu paralelamente às línguas dos invasores e permanece viva na atualidade. A maioria das línguas nativas pré-românicas, entretanto, foi desaparecendo, deixando apenas algumas de suas influências no latim de sua respectiva região.

O latim era a língua oficial do território romano para as transações comerciais e atos oficiais, o que acelerou a assimilação da língua e da cultura romana pelos povos locais (Assis, 2011).

A variedade de maior alcance, porém, não foi o latim culto, ou clássico, falado pelos eruditos, mas um latim simplificado e adaptado às realidades locais, chamado comumente de *latim vulgar*, o qual era falado pela maioria da população. Cabe ressaltar que boa parte da expansão e da influência da língua latina era feita por intermédio de soldados que, geralmente, não dominavam as variedades mais cultas do idioma.

Essa mistura entre os povos locais e os romanos é o primeiro capítulo da formação de nossa língua. O latim, pouco a pouco, foi se modificando, recebendo influências das línguas das regiões conquistadas e dando origem a certos dialetos que, mais tarde, iriam se tornar as línguas romance, que foram as formas embrionárias das línguas românicas, como o português, o castelhano, o francês, o galego, o catalão, o italiano, o provençal e o romeno, cada um em sua respectiva região, todos descendentes do latim vulgar.

Paralelamente, o latim culto também avançaria no tempo, deixando de ser falado a partir do século VII d.C. Entretanto, ele continuou em sua forma escrita, principalmente nas literaturas eclesiástica e científica. Esta última chegou até o século XVIII, funcionando como a "língua oficial" das publicações científicas, ainda que já não existisse como língua nativa de nenhum povo: como língua falada, o latim já tinha se transformado nas línguas latinas ou românicas. Até mesmo em Roma, na Itália, o latim se transformou na língua italiana, abandonando suas antigas especificidades gramaticais.

Vejamos, na Figura 2.1, um esquema das ramificações do latim.

Figura 2.1 – Variedades do latim

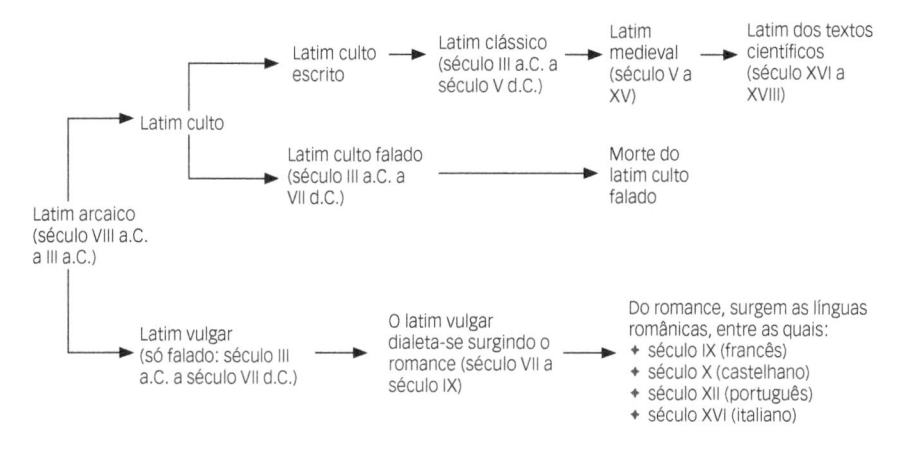

```
Latim arcaico (século VIII a.C. a III a.C.)
├── Latim culto
│   ├── Latim culto escrito → Latim clássico (século III a.C. a século V d.C.) → Latim medieval (século V a XV) → Latim dos textos científicos (século XVI a XVIII)
│   └── Latim culto falado (século III a.C. a VII d.C.) → Morte do latim culto falado
└── Latim vulgar (só falado: século III a.C. a século VII d.C.) → O latim vulgar dialeta-se surgindo o romance (século VII a século IX) → Do romance, surgem as línguas românicas, entre as quais:
    ✦ século IX (francês)
    ✦ século X (castelhano)
    ✦ século XII (português)
    ✦ século XVI (italiano)
```

FONTE: Castilho, 2014, p. 171.

Assim, temos como primeiro estágio de nosso estudo sobre a formação da língua portuguesa esse confronto de povos celtibéricos e romanos. E não é apenas um confronto de ocupação geográfica ou de mando, mas um confronto de culturas. Vale a pena refletir sobre a mescla de modos de vida que ocorreu e sobre o quanto a cultura romana deve ter transformado a vida dos povos locais em tantas áreas: na agricultura, na produção, no comércio, na organização política, na arquitetura, nas artes, no entretenimento, na religião etc. Foi uma grande transformação social e, a partir de então, os povos celtibéricos nunca mais seriam os mesmos. Certamente, manteriam boa parte de sua cultura, mas já modificada por uma gama de conhecimentos e costumes assimilados.

No quadro a seguir, listamos algumas palavras da língua celtibérica que foram assimiladas pelo latim vulgar na região e que perduram até hoje na língua portuguesa.

Quadro 2.1 – Palavras de origem celtibérica

Palavras de origem celtibérica
Camisa
Sagum > saia
Cappana > cabana
Cerevisia > cerveja
Leuca > légua
Carrus > carro
Mantica > manteiga
Cattus > gato
Caballus > cavalo
Cambiare > cambiar

FONTE: Elaborado com base em Assis, 2011; Castilho, 2014.

2.1.2 Invasão germânica: suevos e visigodos

No século II d.C., o império romano atingiu seu apogeu e começou, gradualmente, a enfraquecer. Após esse período, vários povos de origem germânica iniciaram ataques frequentes aos territórios romanos (Gonçalves; Basso, 2010, p. 41).

A partir do ano 409, invasores germânicos – alanos, vândalos, suevos e, mais tarde, os visigodos – ocuparam a península, trazendo consigo os próprios costumes e idiomas. Os alanos foram derrotados, os vândalos seguiram para o norte da África, mas os suevos e os visigodos estabeleceram-se em certas regiões por alguns séculos, marcados por constantes disputas por dominação e território.

Os suevos tiveram um extenso território sob seu domínio até o ano 570, quando foram dominados pelos visigodos e ficaram reduzidos a porções menores de terra, especificamente à Gallaecia e a dois bispados lusitanos, o de Viseu e o Conímbriga (Teyssier, 2001).

A partir de então, os visigodos dominaram quase toda a extensão da península e seu reinado durou até 711, ano da invasão muçulmana. Foi mais um episódio de mistura de culturas e de influências, uma vez que os modos de vida dos germânicos se somaram à cultura da região.

É interessante notar uma diferença marcante entre a dominação romana e a germânica, especialmente no que se refere à língua: os romanos conseguiram impor o latim na região, enquanto os suevos e visigodos, apesar de invadirem e dominarem os povos da região, terminaram assimilando a língua local.

A contribuição linguística desses povos germânicos é considerada reduzida, mas o fato de terem se misturado com a população românica e adotado o latim como sua língua certamente contribuiu para a continuidade do latim no território.

Apesar disso, a influência germânica no latim é mais antiga. Segundo Teyssier (2001), palavras de origem germânica, como *guerra* e *trégua*, já faziam parte do latim falado muito antes das invasões suevas e visigóticas na Península Ibérica, já que a coexistência entre romanos e povos germânicos é bastante antiga.

Outras palavras de origem germânica, como *ganso* e *luva*, só estão presentes no português e no espanhol, não nas outras línguas latinas. Esse fato pode ser, hipoteticamente, atribuído à ocupação visigoda.

No Quadro 2.2, apontamos algumas influências germânicas que estão no léxico do português atual.

QUADRO 2.2 – PALAVRAS DE ORIGEM GERMÂNICA

Substantivos comuns	Substantivos próprios
Elmo	Álvaro
Ganso	Alvarenga
Guerra	Afonso
Trégua	Elvira
Brasa	Fernando
Feudo	Guimarães
Embaixada	Godinho
Branco	Gonçalo
Roubar	Ramiro
Gastar	Rodrigo

FONTE: Gonçalves; Basso, 2010; Castilho, 2014.

No período final do domínio visigodo, o latim da península já estava bastante modificado, transformado em suas línguas herdeiras, chamadas de *romance*, que, na região da península, estavam divididas em duas variedades principais: (1) romance setentrional e (2) romance meridional.

Essas línguas romance se dividiam em certos dialetos, de acordo com sua posição geográfica. Eram mesclas entre o latim e a língua de cada local, portanto já não podiam ser consideradas como latim em razão das mudanças sofridas, embora ainda não fossem, propriamente, as línguas latinas que apareceriam mais tarde, como o português e o espanhol. Eram embriões destas últimas, em uma fase intermediária de seu processo de transformação.

2.1.3 Invasão muçulmana

No século VIII, surgiu um novo personagem em nossa história, outro povo invasor que teria sua cota de participação na cultura e nos idiomas da Península Ibérica: os árabes, que empreenderam um forte movimento expansionista após a morte do profeta Maomé, em 632.

Em 711, chegam à península árabes e berberes originários do Magrebe, região noroeste da África. Os berberes eram povos conquistados pelos árabes, que tinham assimilado o islamismo e boa parte da cultura árabe. Esses povos, na Península Ibérica, ficaram conhecidos como *mouros*.

Em pouco tempo, eles conquistaram vários territórios ibéricos e estabeleceram seu domínio, principalmente no Sul, na região denominada Al-Andalus, em razão da proximidade desse território com sua região de origem. Mais tarde, esse nome daria origem à Andaluzia, região da atual Espanha.

Nesse cenário, vários grupos surgiriam por meio dos confrontos culturais. Alguns hispano-godos (povos locais, resultado das mesclas anteriores) se converteriam ao islamismo, assimilando a cultura e os costumes dos árabes. Esses povos seriam chamados de *muwalladim*. Outros hispano-godos seriam submetidos, mas não assimilados, ou seja, permaneceriam como cristãos, ainda que sob o domínio muçulmano (seriam chamados de *moçárabes*).

Esse foi mais um episódio transformador para os habitantes da Península Ibérica. Houve um grande intercâmbio cultural e, graças aos árabes, a península passou por um notável desenvolvimento cultural e científico, em diversos campos: filosofia, história, geografia, medicina, matemática, agricultura, arquitetura, comércio etc. Nas artes, houve intensa produção literária, que gerou influências para a poesia lírica medieval. A música árabe também foi marcante e influenciou certos estilos de música espanhola, como o flamenco.

Na questão linguística, os muçulmanos mantiveram o árabe como língua oficial, mas a população local continuou falando o romance, fato que indica a coexistência dos dois idiomas e a prevalência do latim (Assis, 2011).

Os moçárabes – cristãos que viviam sob o domínio muçulmano – foram responsáveis pela manutenção da tradição latina. Por meio deles, houve um intercâmbio linguístico entre as línguas ibero-românicas e o árabe, dando origem ao romance *moçárabe*, termo que remete às línguas romance, sobretudo do sul da península, carregadas da influência árabe. Os registros históricos mais relevantes para o conhecimento do moçárabe são os hardjas, ou jarchas, poemas de um gênero literário originado nesse encontro de culturas.

As influências da língua árabe no português são muitas, especialmente no léxico. Estima-se que, aproximadamente, mil palavras do português têm origem árabe. Entretanto, nem todas essas palavras foram introduzidas na época das invasões mouras do século VIII, já que a convivência entre povos europeus e árabes foi se tornando cada vez mais comum, abrangendo mais regiões do mundo. Algumas dessas palavras podem ter sido introduzidas ao português pelo contato com árabes na região do mediterrâneo, África e Ásia, em outras épocas. Ainda assim, as palavras introduzidas durante a invasão moura são muitas e se referem a áreas essenciais da cultura árabe da época (Teyssier, 2001).

Trata-se, em sua maioria, de substantivos, com algumas exceções constituídas por adjetivos, expressões idiomáticas e nomes de lugares (toponímia). No Quadro 2.3, listamos alguns exemplos.

QUADRO 2.3 – PALAVRAS DE ORIGEM ÁRABE

Substantivos comuns variados	Substantivos comuns de alimentos
Alfaiate, alferes	Azeite, azeitona
Almoxarife, xerife	Açúcar
Assassino	Álcool

(continua)

(Quadro 2.3 – conclusão)

Substantivos comuns variados	Substantivos comuns de alimentos
Fulano	Almôndega
Alarde, algazarra	Açafrão
Alfândega, aduana	Alfavaca, alfazema
Álgebra, algarismo	Almeirão, acelga, alface
Leilão	Arroz
Açougue, armazém, bazar	Café
Aldeia, alvenaria	Laranja, lima, limão

FONTE: Castilho, 2014, p. 116.

Teyssier (2001) apresenta uma interessante relação entre as palavras e os fatores culturais a elas associados, o que nos dá uma ideia da influência não apenas na língua, mas também nos modos de fazer as coisas, que os árabes trouxeram. Essa relação nos permite imaginar o nível da transformação social e cultural pela qual os povos ibéricos passaram durante as invasões muçulmanas:

> *Encontram-se aí a agricultura, os animais e as plantas: arroz, azeite, azeitona, bolota, açucena, alface, alfarroba, javali; as ciências, as técnicas e as artes com os objetos e instrumentos que lhes estão vinculados: alfinete, alicate albarda, alicerce, azulejo, almofada; as profissões: alfaiate, almocreve, arrais; a organização administrativa e financeira: alcaide, almoxarife, alfândega;*

a culinária e alimentação: acepipe, açúcar; a guerra, as armas e a vida militar: alferes, refém; a habitação urbana e rural: arrabalde, aldeia etc. (Teyssier, 2001, p. 18)

Outro interessante exemplo é a expressão *oxalá*, que usamos com o sentido de *tomara*. Ela provém da locução árabe *wa ša 'llah*, que significa "e queira deus" (Teyssier, 2001, p. 18).

2.1.4 Reconquista

O domínio muçulmano, como já dissemos, estava concentrado no Sul. Nos territórios longínquos do Norte era praticamente nulo. Assim, justamente ali, foi se consolidando uma força poderosa de resistência cristã, onde teria início o movimento de reconquista, processo longo e gradual que duraria vários séculos, região após região.

Os territórios do oeste da península seriam completamente reconquistados em 1249, consolidando o reino de Portugal. No entanto, o lado leste, território da atual Espanha, seria lentamente reconquistado até culminar, em 1492, com a conquista da última província, o Emirado de Granada, pelos cristãos.

> *Partindo do norte, a reconquista cristã vai gradativamente expulsando os mouros para o sul. É durante esta reconquista que nascerá, no século XII, o reino independente de Portugal. [...] A invasão muçulmana e a reconquista são acontecimentos determinantes na formação de três línguas peninsulares – o galego-português a oeste, o castelhano no centro e o catalão a*

> leste. Estas línguas, todas três nascidas no norte, foram levadas para o sul pela reconquista. (Teyssier, 2001, p. 7-8)

Assim, as línguas romance foram evoluindo para um novo estágio, consolidando-se nas novas variedades. E, na região noroeste da península, chamada de Gallaecia Magna pelos romanos, que corresponde à atual Galícia (hoje território espanhol), desenvolveu-se o galego-português, língua que, mais tarde, iria se tornar o português europeu.

O galego-português é um latim "modificado" por mais de um milênio, acrescido de influências e palavras celtibéricas, germânicas e árabes. Veremos alguns exemplos dessas modificações mais adiante.

doispontodois
Galego-português

Como dissemos no início do capítulo, as línguas são dinâmicas, mudam constantemente, não temos, portanto, como definir o momento exato em que uma língua se transforma em outra. Até porque isso não acontece em uma data específica, a mudança é gradual e vai se processando no decorrer de décadas e séculos.

No entanto, para fazermos um estudo, é necessário tomar algumas datas como referência, relacionando as mudanças linguísticas com a história dos povos. O que os pesquisadores, comumente, fazem é escolher datas com alguma relevância histórica para aquela sociedade. Assim, desenvolve-se a periodização da língua em seu percurso histórico (Gonçalves; Basso, 2010, p. 77).

2.2.1 Periodização da história da língua portuguesa

Ilari e Basso (2006, p. 20-21) explicam que a periodização da língua portuguesa é organizada de modo divergente por diferentes pesquisadores e apresentam cinco diferentes versões, entre as quais escolhemos a de Pilar Vásquez Cuesta, citada por eles:

- Português pré-literário: até 1216;
- Galego-português: 1216 até 1385/1420;
- Português pré-clássico: 1420 até 1536/1550;
- Português clássico: 1550 até o século XVIII;
- Português moderno: 1800 a 1900.

De acordo com essa cronologia, a fase que estivemos estudando até agora se refere ao português pré-literário, período da evolução das línguas romance, que, mais tarde, seriam subdivididas nas formas primitivas do português e do espanhol. Foi um período de poucos registros escritos. Mas a linha geral da evolução da língua é conhecida.

A partir da invasão muçulmana (711), foram aparecendo certas mudanças que terminariam por separar definitivamente as línguas faladas no noroeste da península das faladas no Leste (leonês e castelhano) e dos dialetos do sul da península. Esse processo deu origem, nos séculos IX a XII, ao galego-português, o qual só apareceu em textos escritos no século XIII.

Por volta de 1200, aquela que se tornaria a língua portuguesa era muito parecida com o galego, razão pela qual foi denominada *galego-português* ou, também, *português trovadoresco*. Nessa época, há mais produção literária, o que permitiu mais conhecimento da língua. Os principais textos são a poesia lírica trovadoresca, os documentos oficiais e particulares, a prosa literária e os textos religiosos (Gonçalves; Basso, 2010).

À medida que o galego-português ia se espalhando pelo centro e sul do território português (graças à reconquista cristã), ia sendo mais modificado, caracterizado e, gradualmente, afastava-se do galego, até culminar o ciclo de formação da língua em 1420, com o início da fase do português pré-clássico. No século XIV, o centro de gravidade do reino se estabeleceria entre Coimbra e Lisboa, mais ao sul.

Um importante evento que ocorreu nessa faixa de tempo foi a vitória dos portugueses sobre os castelhanos, em 1385, após uma tentativa de Castela de anexar o território português. A partir daí, o galego é absorvido pela unidade castelhana e o português torna-se a língua nacional de Portugal (Assis, 2011).

A seguir, apresentaremos os fatos linguísticos que acompanharam essa trajetória histórica do galego-português.

2.2.2 Mudanças linguísticas do latim ao galego-português

Neste tópico, veremos alguns exemplos da evolução do galego-português e de sua separação progressiva do castelhano. No Quadro 2.4, reunimos exemplos da evolução do grupo consonantal *cl-*.

QUADRO 2.4 – A EVOLUÇÃO DO GRUPO CONSONANTAL CL-

Latim clássico	Latim vulgar	Galego-português	Castelhano
Ocūlum	Oc'lu	Olho	Ojo
Auricŭla	Orec'la	Orelha	Oreja
Vetŭlum	Vec'lu	Velho	Viejo

FONTE: Elaborado com base em Teysser, 2001.

No Quadro 2.5, listamos alguns exemplos do grupo -ct-, que passa a [-yt-].

QUADRO 2.5 – O GRUPO -CT- PASSA A [-YT-]

Latim clássico	Latim vulgar	Galego-português	Castelhano
Nocte	*noyte	Noite	Noche
Lectu	*leyto	Leito	Lecho
Lacte	*layte	Leite	Leche
Factu	*fayto	Feito	Hecho

FONTE: Elaborado com base em Teysser, 2001.

Outra marcante diferença ocorreu com relação às vogais. As duas vogais abertas [ɛ] e [ɔ], oriundas das antigas vogais breves [ĕ] e [ŏ] do latim clássico, ditongaram-se, quando tônicas, em diversas posições. Vejamos no quadro a seguir.

Quadro 2.6 – As mudanças das vogais

Latim clássico	Latim imperial	Galego-português	Castelhano
Pedem	Pede	Pé	Pie
Decĕm	Dęce	Dez	Diez
Lĕctum	Lęctu	Leito	Lecho
Nŏvem	Nove	Nove	Nueve
Fŏrtem	Forte	Forte	Fuerte
Nŏctem	Nǫcte	Noite	Noche

FONTE: Elaborado com base em Teysser, 2001.

Outras três inovações do galego-português que merecem ser mencionadas são as mudanças dos grupos iniciais *pl-*, *cl-* e *fi-* para *ch* ([tš]), as quais apresentamos a seguir.

Quadro 2.7 – As mudanças dos grupos iniciais PL-, CL- e FI- para CH ([TŠ])

	Latim	Galego-português	Castelhano
Pl-	*Plenu-* *Planu-* *Plicare*	Chëo Chão Chegar	Lleno Llano Llegar
Cl-	*Clamare*	Chamar	Llamar
Fl-	*Flagare*	Cheirar	(não atestada)

FONTE: Elaborado com base em Teysser, 2001.

A **queda de -l- intervocálico** é outro fenômeno que merece exemplo. O linguista Paul Teyssier (2001, p. 16), pesquisador da língua portuguesa, ressalta que ele é encontrado apenas no galego-português e cita os seguintes exemplos:

> *Salire > sair, palatiu > paaço (hoje paço), calente > caente (hoje quente), dolore > door (hoje dor), colore > coor (hoje cor), colubra > coobra (hoje cobra), voluntade > voontade (hoje vontade), filu > fio, candela > candea (hoje candeia), populu > poboo (hoje povo), periculu > perigoo (hoje perigo), diabolu > diaboo (hoje diabo), nebula > névoa, etc. É a queda do -l- intervocálico que explica a forma que possuem no plural as palavras terminadas em -l- no singular: sol, plural soes, hoje sóis.*

A análise do -l- intervocálico traz à tona uma questão interessante: a diferença inevitável entre a língua falada no dia a dia e a língua erudita. Na segunda, o -l- intervocálico foi mantido, justamente pelo fato de seus falantes serem pessoas "letradas", portanto mais fiéis ao latim formal. As palavras *escola, astrologia, calor, alimento, cálice, guloso, volume, violento* são exemplos desse caso.

A **queda de -n- intervocálico** também é um fenômeno próprio do galego-português, e Teyssier (2001, p. 16) lista alguns exemplos:

> *É mais complexo que o anterior: por exemplo, na palavra corona houve primeiro a nasalização da vogal que precede o "n", donde corõna; em seguida, o "n" caiu e tivemos corõa, forma do galego-português (hoje coroa). Assim, todos os n intervocálicos*

desapareceram depois de terem nasalizado a vogal precedente; ex.: vinu > vio, manũ > mão, panatariu > pãadeiro, mınũtu > mêudo, genesta > gêesta, semınare > semêar, arena > arêa, luna > ˜lua, vicinu > vezıo, lanã > lãa, homınes > ˜homêes, bonu > bõo etc.

É interessante ver as semelhanças de nossa língua com sua língua-mãe, o latim, e sua língua-irmã, o espanhol, para entendermos que as mudanças obedecem a certa regularidade. Assim, as línguas evoluem em novas variedades e se formam as famílias linguísticas.

O processo de formação da língua portuguesa continua com outras mudanças linguísticas, até que se consolida, no século XVI, na fase do português clássico (1536). Esse "novo português", já separado do galego, passaria a predominar no reino e se mostraria fundamental na formação da identidade portuguesa, embora o latim continuasse a ser utilizado, até o século XVIII, no ensino formal.

Dessa época data a primeira gramática da língua, como explica Teyssier (2001, p. 33), "A gramática nasce em Portugal da cultura humanista, cabendo o pioneirismo do seu ensino a Fernão de Oliveira, autor de uma Grammatica da Lingoagem Portuguesa (1536)".

Assim, a língua trazida ao Brasil pelos colonizadores foi um galego-português modificado, transformado em português clássico, que iniciou uma nova metamorfose, da qual resultou o português brasileiro.

A seguir, estudaremos o processo de formação do português brasileiro.

doispontotrês
Multilinguismo colonial e a influência indígena no português brasileiro

Estima-se que, na época da descoberta, viviam no território brasileiro cerca de 6 milhões de indígenas. Alguns autores afirmam que eram, aproximadamente, mais de 300 línguas diferentes faladas aqui nessa época; outros afirmam que eram mais de mil.

De qualquer forma, era uma variedade muito grande, algumas parecidas entre si, outras sem o menor grau de parentesco. Havia dois grandes troncos linguísticos principais: (1) o tronco macrotupi e (2) o tronco macrojê. Como explica Castilho (2014, p. 177), "cada qual com suas famílias, línguas e dialetos, além de vinte línguas isoladas, não classificadas em tronco".

Assim, o uso de várias línguas em um mesmo território – multilinguismo – já existia no Brasil mesmo antes da chegada dos colonizadores. As próprias etnias nem sempre conseguiam se comunicar entre si.

Conhecendo esse cenário, perguntamo-nos como ocorreu o encontro da língua portuguesa com essas línguas.

Imaginemos o cenário da chegada dos portugueses à costa brasileira: eles encontraram com uma população nativa numerosa, que já havia "batizado" a fauna, a flora, os lugares etc. Para aprender sobre as novas terras e comunicar-se com os indígenas com quem conviviam, era inevitável que os europeus tivessem de utilizar as línguas locais. Nesse contexto é que nasceram as chamadas *línguas gerais*.

2.3.1 Línguas gerais

A necessidade de se comunicar com os nativos era particularmente urgente no caso dos jesuítas que vieram ao Brasil para catequizar os indígenas. Sua missão era ensinar o cristianismo, e isso não poderia ser feito sem um bom domínio da língua dos nativos. Os primeiros jesuítas – membros da Companhia de Jesus – aportaram no Brasil em 1549 e, a partir daí, começaram seu aprendizado da língua tupi, falada pelos indígenas da costa, em especial, os tupiniquins.

Foram os jesuítas que criaram a representação escrita da língua que, até então, era exclusivamente oral. A primeira gramática do tupi, *Arte da gramática da língua mais falada na costa do Brasil*, foi escrita pelo padre jesuíta José de Anchieta, na década de 1550, e publicada em Coimbra, em 1595. A criação da gramática mostra o interesse imediato dos jesuítas em aprender e ensinar o idioma tupi com o objetivo de se comunicarem com o povo indígena.

Esse era o nascimento de uma **língua geral**, um tupi "missionário", simplificado, "despojado de seus traços fonológicos e gramaticais mais típicos, para se adaptar à consciência linguística dos brancos" (Castilho, 2014, p. 180). Dessa maneira, poderia ser mais facilmente aprendido pelos europeus. Servia, a princípio, como instrumento de catequização, mas passou a servir, também, a outros portugueses que precisavam se comunicar com os nativos indígenas.

Outro fator que contribuiu para o desenvolvimento dessas línguas foi uma intensa miscigenação. Muitos portugueses que chegavam eram homens sós, que se uniram a mulheres indígenas. Em alguns casos, a união acontecia como uma forma de aliança entre os portugueses e determinada tribo, por meio da união de um português com uma indígena. Em outros casos, ocorria a submissão forçada.

Esse contexto deu origem a uma grande população mestiça, sobretudo nas áreas limítrofes do território colonizado, que, naquela época, estendia-se de São Paulo ao sul e, ao norte, até os atuais Estados do Maranhão e do Pará.

À medida que essa população foi se multiplicando, esses filhos e filhas de pai português e mãe indígena, que falavam a língua nativa, foram se integrando à sociedade colonial portuguesa, afastando-se de um modo de vida estritamente indígena. Assim, as línguas gerais foram gradualmente se disseminando, tornando-se língua franca: a que serve de ponte entre a maior parte das pessoas em determinado lugar.

Nesse processo, formaram-se duas línguas gerais principais: uma língua geral paulista, no Sul (de base tupi), e uma língua geral amazônica, de base tupinambá (chamada *nheengatu*) no Norte, falada até hoje na Região Amazônica.

Por mais de dois séculos, essas línguas gerais, de base indígena, foram as línguas mais utilizadas no Brasil. O português só viria a se tornar língua oficial em meados do século XVIII. Curioso, não? Muitos brasileiros não imaginam que, apesar da dominação portuguesa, tenha havido também essa assimilação de línguas locais, uma adaptação em razão da necessidade de se comunicar.

Como já estudamos, pela relação da língua com a cultura, é provável que o povo brasileiro desse período, já mestiço, tenha assimilado, junto da língua, muito da cultura, do modo de ser dos indígenas. E não apenas assimilado, mas também transmitido para as gerações futuras. Portanto, muito do que somos hoje pode ser atribuído à influência de nossos antepassados indígenas.

2.3.2 Marquês de Pombal e o português como língua oficial

A língua portuguesa, então, só se tornaria a mais falada em território brasileiro a partir do século XVIII. De acordo com Carlos Alberto Faraco (2016), a supressão das línguas gerais e a expansão do português foi provocada por uma ampla gama de fatores, entre eles: a crescente unificação territorial e o povoamento gerado pela descoberta do ouro em Minas Gerais (muitos portugueses se deslocaram para lá); as constantes trocas comerciais desencadeadas por essa exploração, unindo o Centro, o Nordeste, o Sul, São Paulo e o Rio de Janeiro; e o "estabelecimento de uma sociedade urbana em grau, até então, nunca visto nos espaços coloniais, o que fez surgir e crescer um segmento socioeconômico médio e letrado praticamente inexistente nos séculos anteriores" (Faraco, 2016, p. 148).

Outro fator foi a política levada a cabo pelo Marquês de Pombal, conhecida como *reformas pombalinas*, que, entre outras ações, definiu a expulsão dos jesuítas do Brasil e tornou a língua portuguesa oficial e obrigatória no ensino. O documento conhecido como Diretório de 1757 indica seus argumentos para as mudanças. Ali ficam estabelecidas novas normas para os povoamentos indígenas: se proíbe o uso das línguas indígenas e se determina que os índios sejam educados em português. Primeiramente aplicadas ao Pará e ao Maranhão, tais regras se estenderam, em 1758, a todo o Brasil (Assis, 2011).

Embora o Diretório de 1757 não tenha sido o fator determinante na prevalência do português sobre o tupi, porque os aspectos socioeconômicos foram mais importantes, certamente teve influência, por isso é bastante relevante para nosso estudo conhecer seu conteúdo em relação à língua:

> *Sempre foi máxima inalteravelmente praticada em todas as nações, que conquistaram novos domínios, introduzir logo nos povos conquistados o seu próprio idioma, por ser indisputável, que este é um dos meios mais eficazes para desterrar dos povos rústicos a barbaridade dos seus antigos costumes [...] Nesta conquista se praticou tanto pelo contrário, que só cuidaram os primeiros conquistadores estabelecer nela o uso da língua, que chamaram geral; invenção verdadeiramente abominável, e diabólica, para que privados os índios de todos aqueles meios, que os podiam civilizar, permanecessem na rústica, e bárbara sujeição, em que até agora se conservavam. Para desterrar esse perniciosíssimo abuso, será um dos principais cuidados dos diretores, estabelecer nas suas respectivas povoações o uso da língua portuguesa, não consentindo por modo algum, que os meninos, e as meninas, que pertencerem às escolas, e todos*

> aqueles índios, que forem capazes de instrução nesta matéria, usem da língua própria das suas nações, ou da chamada geral; mas unicamente da portuguesa, na forma, que sua majestade tem recomendado em repetidas ordens, que até agora se não observaram com total ruína espiritual, e temporal do estado. (Almeida, 1997, p. 377-378)

Notemos, nas palavras do documento emitido pela administração de Pombal, o entendimento de que a cultura e o idioma europeus eram superiores aos dos indígenas e que, portanto, os colonizadores tinham um dever civilizatório fundamental. Além disso, há certa indignação em razão de os primeiros colonizadores terem se adaptado à língua local, por meio da língua geral, em vez de imporem a sua. O documento segue com o plano de implantação obrigatória da língua portuguesa, especialmente nas escolas.

Apesar desse processo de imposição do português como idioma oficial do país, as línguas gerais não desapareceram imediatamente. Foi um processo gradual, relacionado a outros fatores, e, como dito anteriormente, a língua geral amazônica não desapareceu, ela existe atualmente com o nome de *nheengatu*. A paulista, no entanto, extinguiu-se, à medida que a língua portuguesa ocupou seu lugar. A língua geral paulista

> *Foi-se constituindo já no século XVI, tendo como base a língua dos índios tupi de São Vicente e do alto rio tietê, uma língua tupi-guarani ligeiramente diferente da língua dos tupinambás.*

> Foi a língua dos mamelucos paulistas e, com as bandeiras, foi a língua de penetração no interior de São Paulo, minas gerais, mato grosso e paraná. Pela segunda metade do século XVIII passou a perder terreno para o português e seus últimos falantes devem ter morrido no início do século XX. (Rodrigues, citado por Castilho, 2014, p. 179)

Ressaltamos também que a vinda da família real portuguesa para o Brasil, em 1808, com milhares de pessoas das mais variadas profissões, teve um forte impacto cultural e linguístico no país, reforçando o uso da língua portuguesa e atualizando nela características lusitanas, principalmente no Rio de Janeiro (Assis, 2011).

2.3.3 Influência indígena no léxico do português brasileiro

As línguas indígenas deixaram um legado no português brasileiro. A maior parte dessa influência está no léxico e provém da família tupi-guarani. É muito amplo o vocabulário nativo que permaneceu em nossa língua, estimado em dez mil vocábulos, em sua maioria, composto por topônimos e antropônimos, além de substantivos comuns, designativos de animais e plantas (Castilho, 2014).

Há também expressões idiomáticas bastante conhecidas de origem indígena, como *andar na pindaíba* e *estar de tocaia*.

No Quadro 2.8, listamos exemplos de palavras indígenas ainda presentes em nossa língua.

QUADRO 2.8 – PALAVRAS DE ORIGEM INDÍGENA, POR CATEGORIAS

Pessoas	Alimentos	Animais	Topônimos e antropônimos
Caipira	Pururuca	Capivara	Iracema
Caipora	Pipoca	Quati	Paraguaçu
Cacique	Maracujá	Tatu	Moema
Pajé	Aipim	Sagui	Jaçanã
Piá	Tapioca	Colibri	Maracanã
Curumim	Abacaxi	Arara	Guanabara
Guri (a)	Pitanga	Sabiá	Itu
	Jabuticaba	Jaguar	Araraquara
	Caju	Jacaré	Jaú

FONTE: Elaborado com base em Castilho 2014; Teysser, 2001.

A seguir, estudaremos outro componente fundamental do português brasileiro: as línguas africanas.

doispontoquatro
Português no Brasil e a influência africana

A vinda de povos africanos ao Brasil ocorreu entre os séculos XVI e XIX, infelizmente como consequência do lamentável regime da escravidão. Vista pelos colonos portugueses como solução para o problema da mão de obra em nosso imenso território, ela trouxe à nossa forma de ser e de falar um terceiro elemento fundamental: a cultura africana.

Estima-se que mais de 4 milhões de africanos foram trazidos ao Brasil. Eles eram destinados a uma série de trabalhos, como os latifúndios de cana de açúcar, as minas de ouro e de diamantes, as fazendas de café e o trabalho doméstico.

A escravidão gerava a desumanização do escravizado pelo uso constante da violência. Havia torturas físicas e psicológicas para aqueles que não obedecessem às ordens recebidas ou tentassem fugir. Eram muito utilizados o tronco, o açoite, ganchos no pescoço ou correntes presas ao chão. E, ainda que a escravidão tenha sido legalmente abolida em 13 de maio de 1888, no contexto social, ela deixou uma herança de desigualdade e de discriminação que não é fácil apagar, apesar dos esforços de muitos autores e pensadores contemporâneos em reconhecer e valorizar a contribuição cultural africana em nossa formação como sociedade.

Consideramos que estudar a influência da cultura e das línguas africanas no Brasil é um passo importante nessa direção. Trataremos mais sobre os aspectos culturais nos Capítulos 5 e 6. Neste momento, vamos tratar da língua.

2.4.1 Encontro das línguas africanas com o português brasileiro

Publicado em 1789, o *Diccionario da Lingua Portugueza* é o primeiro dicionário monolíngue de nosso idioma, de autoria do brasileiro Antônio Morais e Silva, no qual já constam algumas palavras de origem africana.

Posteriormente, no século XIX, alguns autores buscaram reconhecer a influência africana em nossa língua*; ainda assim, o espaço dedicado a ela é pequeno se comparado à influência indígena, situação que só começaria a mudar no século XX, quando vão surgindo estudos mais aprofundados sobre o tema.

Existem mais de duas mil línguas no continente africano, que se dividem em quatro grupos etnolinguísticos principais: (1) afro-asiático (África do norte), (2) khoisan (deserto de Kalahari), (3) nilo-saariano (Sudão e Sahara) e (4) níger-congo, o maior tronco linguístico, que abrange cerca de 1.500 línguas, entre elas o banto, o iorubá (tradicionalmente apelidado no Brasil de *nagô*) e o fon.

---

* Por exemplo, Antônio Joaquim de Macedo Soares, autor do artigo *Sobre algumas palavras africanas introduzidas no portuguez que se fala no Brazil*, publicado em 1880, na *Revista Brazileira*, p. 243-271. Disponível em: <http://memoria.bn.br/pdf/139955/per139955_1880_00004.pdf>. Acesso em: 30 abr. 2022.

Entre as populações africanas que chegaram ao Brasil, a maioria falava, por ordem de prevalência: o banto, o nagô e o fon. Nenhuma dessas línguas sobreviveu à imigração forçada dos africanos ao Brasil, ou seja, nenhuma chegou até nossos dias, nem mesmo como dialeto. Uma das razões pode estar no contexto da chegada dos africanos ao Brasil. Na maioria dos casos, eles eram separados de seus grupos étnicos de origem ao serem capturados e vendidos, ainda na África, ou ao ser entregues a seus proprietários brasileiros. Privados de conviver com pessoas de sua etnia, os escravos se tornavam mais vulneráveis ao domínio do senhor. Havia também menos probabilidade de revoltas e fugas.

Desde a captura até a chegada ao Brasil, eles conviviam com outros africanos, mas quase sempre de outras etnias. Para poder comunicar-se, adotavam alguma língua veicular de seu continente, muitas vezes o quimbundo, da família banta (Fiorin; Petter, 2013, p. 32).

Dessa forma, a língua nativa de cada escravo ficava apenas em sua memória, uma vez que ele não tinha com quem praticá-la. Aprendia alguma língua veicular para falar com outros escravos e, logo em seguida, o português, a língua dos senhores. Além disso, como suas línguas de origem eram somente orais, sem escrita, iam desaparecendo com mais facilidade, já que não havia, pelo menos em solo brasileiro, comunidades que pudessem mantê-las vivas.

Esses escravos carregavam, no entanto, sua cultura, seu modo de vida, suas particularidades e, mesmo deixando de falar sua língua original, transmitiriam às futuras gerações grande parte dessa cultura.

Ainda é pouco o conhecimento que temos sobre como os primeiros africanos e seus descendentes falavam o português nos primeiros séculos do Brasil Colônia, o que podemos concluir é que, no processo de assimilação da língua, imprimiram nela sua forma própria de falar. Isso causou uma lenta e gradual incorporação de palavras, sons e expressões africanas ao português. Novamente atentamos para a influência da cultura junto da influência da língua, uma vez que não se incorporam apenas termos, mas também significados, ideias, atitudes, modos de fazer.

Um personagem essencial nesse processo são as amas, escravas domésticas que praticamente criavam os filhos do senhor e, assim, iam ensinando às novas gerações uma forma diferente de falar português. Segundo Gilberto Freyre (2003, p. 414), os africanos amoleceram o português, "em grande parte pela ação da ama negra junto à criança, do escravo preto junto ao filho do senhor branco".

Ele afirma que o rígido português europeu foi se "suavizando". Outro sinal disso é a forma carinhosa dos apelidos: "as Antônias ficaram Dondons, Toninhas, Totonhas; as Teresas, Tetés; os Manuéis, Nezinhos, Mandus, Manes; os Franciscos, Chico, Chiquinho; os Pedros, Pepés; os Albertos, Bebetos, Betinhos" (Freyre, 2003, p. 414).

De acordo com essa tese, não assimilamos, como povo brasileiro, apenas palavras, mas também um jeito carinhoso e relaxado de ser, proveniente das culturas africanas. Interessante, não? Muito de nossa identidade, de nosso jeito de ser brasileiro, pode ser herança de nossos antepassados africanos.

Trataremos mais sobre Gilberto Freyre no Capítulo 5, destacando a influência que ele teve na interpretação da miscigenação e da formação do povo brasileiro.

2.4.2 Palavras africanas no léxico do português brasileiro

Neste trabalho, vamos nos referir, essencialmente, às influências no léxico, ainda que outros aspectos gramaticais pudessem ser abordados, como a morfologia nominal e verbal. A respeito de palavras africanas incorporadas ao léxico do português brasileiro, Castilho (2014, p. 180) explica:

> Estima-se em trezentos o número de palavras africanas que foram incorporadas ao léxico do PB. São ainda escassos os estudos sobre as influências linguísticas africanas. Os primeiros textos atribuem aos africanos simplificações da morfologia nominal e verbal que outros tantos textos atribuem igualmente aos indígenas. Quanto ao léxico, eles procuram identificar as origens do vocabulário africano difundido no Brasil, e esse é o caso de Rodrigues (1933/1945), Mendonça (1935/1973) e Machado Filho (1943).

As alterações léxicas se referem, em sua maioria, a aspectos que faziam parte da vida cotidiana colonial e pertencem ao universo da oralidade e da informalidade, já que a maioria das populações africanas não era alfabetizada e não tinha acesso aos âmbitos científico, jurídico ou governamental.

Muitas palavras informais e gírias de nossa língua têm origem africana por essa razão, por exemplo: xixi, meleca, babaca, brucutu, sacana, ranzinza, tribufu, bunda, fiofó, titica, bambambã, beleléu, lengalenga, fuzuê, zoar, zoeira etc. Também merecem destaque alguns termos afetivos como *xodó*, que significa a pessoa por quem temos muito carinho (ela é meu xodó); *dengo*, cujo significado original é choro de criança; e *cafuné*, do quimbundo *kufundu*, que significa enterrar, nesse caso, enterrar os dedos nos cabelos de alguém.

Algumas áreas que receberam importantes influências africanas foram: a culinária, por meio das tradições e das receitas típicas; a música, por meio do nome de instrumentos, ritmos e modos muito particulares de se fazer música; e a religião, por meio de tradições, crenças e práticas próprias, como o candomblé.

No Quadro 2.9, listamos alguns exemplos e definições etimológicas extraídos da seção de vocabulário do livro de Renato Mendonça, *A influência africana no português do Brasil*.

QUADRO 2.9 – PALAVRAS DE ORIGEM AFRICANA, POR CATEGORIAS

Categoria	Termos
Termos da culinária/alimentos	Abará, dendê, acarajé, angu, bobó, cachaça, canjica, chuchu, fubá, inhame, jiló, quiabo, mocotó
Termos musicais	Agogô, atabaque, batucar, batuque, birimbau ou berimbau, caxixi

(continua)

(Quadro 2.9 – conclusão)

Categoria	Termos
Termos religiosos	Orixá, babalorixá (pai de santo), macumba (feitiçaria), mandinga, assim como muitos termos utilizados no candomblé, como o nome das divindades, por exemplo
Adjetivos e anatomia	Banguela, bunda, caçula, careca, iaiá (senhora), ioiô (senhor), moleque
Animais	Camundongo (do quimbundo *ka*, prefixo diminutivo + mundongo, rato), gambá, maribondo
Verbos	Cochilar, xingar
Substantivos	Búzios, curinga, miçanga, quilombo, quitanda, tanga

FONTE: Elaborado com base em Mendonça, 2012.

E quanto àquela palavra tão importante na cultura brasileira: *samba*? Vejamos uma explicação sobre seu significado original:

> *A palavra samba, do étimo quimbundo/quicongo kusamba, significa rezar, orar para os deuses e ancestrais, sempre festejados com danças, cânticos e músicas, celebrações que certamente eram vistas com estranheza e de caráter lúdico pela sociedade católica circundante. Contagiado pela cadência rítmica e gestual da dança, o que antes era dança de negros foi esvaziado do seu conteúdo religioso original e o samba-oração negroafricano foi apropriado na categoria de gênero musical-dançante para*

se tornar mundialmente reconhecido como a mais autêntica e representativa expressão da musicalidade brasileira. (Castro, 2012, p. 26)

Falaremos mais sobre a história do samba, como uma das grandes heranças afrodescendentes na cultura brasileira, no Capítulo 6.

Para finalizar, vale mencionar também que, em alguns casos, ocorre a introdução recente, na fala cotidiana, de termos africanos esquecidos. Alguns desses termos, "como é o caso de *muvuca*, parecem ter sido introduzidos pela mídia, a televisão, no caso. Em 1997, era o nome de um programa de entrevistas, na Rede Globo, apresentado por Regina Casé, que pretendia ser um lugar onde culturas, personalidades e gostos diversos se misturassem" (Fiorin; Petter, 2013, p. 145, grifo do original).

No tópico a seguir, veremos a influência da imigração europeia na formação do português brasileiro.

doispontocinco
Português no Brasil e as influências da imigração europeia nos séculos XIX e XX

É fundamental mencionar as influências cultural e linguística trazidas pela grande onda migratória de italianos, alemães, poloneses e outros povos europeus que aqui chegaram no período de

1870 a 1950. Essa imigração foi bastante incentivada pelo governo brasileiro, em parte pelo processo de abolição da escravatura e a necessidade de substituir a mão de obra escrava e, em parte, por um desejo de "branquear" o país*.

O principal ponto de recepção dos imigrantes foi a cidade de São Paulo, graças ao seu desenvolvimento industrial e urbano.

> *Em São Paulo, o trabalho escravo foi substituído nos cafezais paulistas pela mão de obra europeia, sobretudo italiana. Entre 1882 e 1930, chegaram a São Paulo 2,223 milhões de imigrantes, 46% dos quais eram italianos, provenientes inicialmente do norte da Itália e, depois, do sul. Seguem-se os portugueses, que responderam por cerca de 18% da migração, totalizando 404 mil indivíduos. Nesse período, os espanhóis representaram 17%, e os demais, sobretudo japoneses, alcançaram 19%.* (Love, citado por Castilho, 2014, p. 182)

Como podemos visualizar pelos dados, foi um considerável fluxo migratório que, certamente, deixou fortes influências na cultura, na organização social do país e, consequentemente, na língua.

Embora, no início do século XX, a imigração não tenha sido apenas de europeus, mas também de japoneses e sírio-libaneses, neste trabalho nos concentraremos na imigração europeia em razão das profundas influências provocadas na cultura, de modo geral.

---

* Esse assunto será retomado e detalhado no Capítulo 5.

Mais uma vez, o povo brasileiro, tantas vezes mesclado em sua forma de ser, receberia novos modos e conhecimentos, agora de uma cultura europeia mais recente, diferente da recebida nos séculos anteriores, oriunda de uma sociedade industrial e tecnicamente mais desenvolvida, que era a Europa no século XIX.

Os imigrantes vinham em famílias inteiras e formavam colônias, principalmente italianas e alemãs, que funcionavam como pequenas sociedades, na qual aplicavam e disseminavam seus conhecimentos e técnicas de cultivo, produção, construção, moradia e organização social, entre outros.

A herança desses imigrantes ocorreu em várias áreas da sociedade brasileira e acelerou o desenvolvimento do país na agricultura, na infraestrutura, na economia e na política.

Com relação à língua, esses imigrantes deixaram sua marca no léxico, sobretudo no Sudeste e no Sul, onde sua população convive com palavras como: *chimia* (do alemão *schmier*), que significa geleia, doce que se passa no pão, e *vina* (do alemão *wiener*), que significa salsicha.

Os sotaques também demonstram influências desses povos, nesse caso, na fonética, com a forma de pronunciar o português brasileiro, especialmente nas regiões de maior presença imigrante: em Santa Catarina e no Rio Grande do Sul, onde houve presença alemã e italiana, e em São Paulo, onde houve presença italiana. No Estado do Paraná, além da influência italiana, também houve considerável influência polonesa na cultura e no sotaque.

Seria muito interessante tratar, em detalhes, da influência de cada uma dessas línguas no português brasileiro, porém, nesta abordagem, mais introdutória e sintética, vamos nos limitar a mencionar a influência italiana.

2.5.1 Influência italiana no português brasileiro

Entre os povos que aqui chegaram, a imigração italiana foi, sem dúvida, a mais numerosa do período. Estima-se que, entre 1870 e 1970, chegaram ao Brasil cerca de 1,5 milhão de italianos. Eles se instalaram, principalmente, em São Paulo e nos estados do sul do Brasil, onde aceleraram o desenvolvimento agrícola e industrial. Sua influência em nossa cultura penetrou vários campos, como arte, literatura, arquitetura, religiosidade e gastronomia.

É justamente da culinária italiana que vem uma quantidade significativa de palavras que utilizamos no cotidiano, em decorrência da grande influência desse país na culinária nacional. A maioria dessas palavras foi abrasileirada, como espaguete (*spaghetti*), muçarela (*mozzarella*), nhoque (*gnocchi*) e lasanha (*lasagna*). Certamente, junto dessa influência linguística, veio toda uma influência de uma ciência culinária que se somou aos conhecimentos que aqui havia, enriquecendo a cultura alimentar brasileira. Esse é um bom exemplo de influência linguística e cultural ao mesmo tempo.

Também há casos curiosos de assimilação de algum termo ou nome italiano, como no caso do termo *baderna*, derivado do sobrenome de Marietta Baderna, uma atriz italiana que chegou ao Brasil em 1849. Suas apresentações eram consideradas escandalosas na época, e seus fãs, apaixonados, brigavam para defendê-la. Daí a associação de seu sobrenome com a palavra *confusão* (Pimenta, 2002).

É importante esclarecer, entretanto, que muitas palavras italianas que utilizamos já haviam sido incorporadas à língua portuguesa ainda em solo europeu, durante toda a Idade Moderna. A influência italiana sobre a cultura europeia como um todo nota-se de maneira significativa na pintura, na música e na arquitetura, em palavras como: mezzanino, cascata, afresco, pérgula, aquarela, desenho, paleta, cenário, ópera, arpejo, dueto, batuta, cantata, contralto, maestro, partitura, piano, sonata e violoncelo.

Quanto a alterações na língua brasileira, talvez a influência italiana seja até mais significativa na fonética, como introduzimos anteriormente. Esse fator é bastante perceptível em certos sotaques das Regiões Sudeste e Sul, como no sotaque paulistano, visto que São Paulo recebeu alta concentração de italianos, sobretudo em bairros como o Bixiga e a Mooca. Assim como no sotaque da Serra Gaúcha, onde existem até hoje colônias agrícolas italianas nas quais se cultivam parreirais e se fabrica vinhos, exportados para todo o território nacional. Justamente por causa da agricultura familiar rural que ali se estabeleceu e de sua distância da cultura urbana, essa é, sem dúvida, uma das regiões onde a herança da língua italiana se manteve mais viva e mais preservada. Ali é possível escutar um falar bastante característico, no qual, por exemplo, o som do "rr" se transforma em "r", e a palavra *carro* vira "caro".

No próximo capítulo, enfocaremos nosso olhar às especificidades da língua portuguesa, nos aspectos da fonética, fonologia, morfologia, sintaxe, léxico e pragmática, traçando um comparativo entre o português do Brasil e o português de Portugal.

Síntese

Neste capítulo, fizemos um breve histórico dos encontros entre povos que deram origem à língua portuguesa, incialmente em solo europeu, posteriormente, em solo brasileiro.

Vimos o cenário histórico de constantes "misturas" que fundamentaram a formação de nossa língua. Ao longo do vasto caminho percorrido, ocorreram vários intercâmbios: desde aqueles na Península Ibérica, lá no século III. Iniciando com os povos celtibéricos, passando pelos povos germânicos e árabes que ali se instalaram, até a chegada dos portugueses ao Brasil.

Mais tarde, ao longo dos primeiros séculos da colonização, se consolidou a particularidade do português brasileiro com a integração de elementos linguísticos indígenas e africanos. E depois, no século XIX, nossa língua recebeu ainda mais inovações, tanto léxicas quanto fonéticas, com a chegada de italianos, alemães, espanhóis etc.

Esse panorama variado nos ajuda a vislumbrar a tremenda riqueza multilíngue, multiétnica e pluricultural brasileira e nos permite valorizar aqueles povos que contribuíram para ela, de uma forma ou de outra.

Atividades de autoavaliação

1. Assinale a alternativa que indica a sequência temporal correta das línguas dos povos habitantes da Península Ibérica que influenciaram a formação da língua portuguesa:
   a. Latim (romanos), árabe (mouros), línguas germânicas (suevos e visigodos), línguas celtibéricas, galego-português.
   b. Línguas celtibéricas, latim (romanos), línguas germânicas (suevos e visigodos), árabe (mouros), galego-português.
   c. Línguas germânicas (suevos e visigodos), latim (romanos), galego-português, árabe (mouros), línguas celtibéricas.
   d. Galego-português, latim (romanos), línguas celtibéricas, línguas germânicas (suevos e visigodos), árabe (mouros).
   e. Línguas celtibéricas, latim (romanos), árabe (mouros), línguas germânicas (suevos e visigodos), galego-português.

2. Assinale a alternativa que indica o movimento histórico ligado à expansão do galego-português pelo território de Portugal:
   a. Invasão romana no século III a.C.
   b. Invasão muçulmana no século VIII.
   c. Domínio suevo no século V.
   d. Domínio visigodo no século VI.
   e. Reconquista cristã, que culmina no século XIII, em Portugal.

3. São fatores importantes para o surgimento das línguas gerais no Brasil colonial:
   I. As reformas pombalinas, que incentivaram o uso das línguas gerais na colônia.

II. A necessidade de os colonizadores se comunicarem com os índios.

III. O esforço dos jesuítas em aprender as línguas indígenas para ensinar o cristianismo aos índios.

IV. A miscigenação entre os portugueses e as índias, com a consequente geração de filhos mestiços.

V. A ausência de convivência entre portugueses e índios.

Assinale a alternativa que apresenta corretamente os itens que completam o enunciado:

a. I e II.
b. II, III e V.
c. III e IV.
d. II, III e IV.
e. IV e V.

4. Avalie as afirmativas a seguir sobre a influência das línguas africanas no português brasileiro e marque V para as verdadeiras e F para as falsas.

( ) A influência africana suavizou o rígido português europeu, segundo Gilberto Freyre.

( ) Algumas áreas que receberam importantes influências africanas foram a culinária, a música e a religião.

( ) São ainda escassos os estudos sobre as influências linguísticas africanas no português, mas podemos dizer que as influências mais notáveis das línguas africanas estão no léxico do português.

( ) A maioria das palavras provenientes de línguas africanas está ligada a atividades do cotidiano.

( ) A maioria das palavras provenientes de línguas africanas está ligada a atividades comerciais.

Assinale a alternativa que apresenta a sequência correta:
a. V, V, V, V, F.
b. F, V, V, V, F.
c. V, F, V, V, F.
d. V, V, V, F, F.
e. V, V, F, V, F.

5. Avalie as afirmativas a seguir sobre as influências de outras línguas na formação do português brasileiro e marque V para as verdadeiras e F para as falsas.

( ) As influências das línguas indígenas foram muitas, principalmente em topônimos (nomes de lugares) e em substantivos relacionados a alimentos e animais.

( ) As principais influências das línguas indígenas ocorreram no léxico.

( ) A imigração italiana deixou influências no vocabulário relacionado com a culinária.

( ) A língua alemã não deixou influências no português brasileiro.

( ) A imigração italiana deixou influências no sotaque de algumas regiões, como São Paulo e Serra Gaúcha.

Assinale a alternativa com a sequência correta:
a. V, V, V, V, F.
b. F, V, V, V, F.
c. V, F, V, V, F.
d. V, V, V, F, F.
e. V, V, V, F, V.

Atividades de aprendizagem

Questões para reflexão

1. Reflita sobre os elementos das línguas e das culturas indígenas que estão presentes em sua forma de viver. Cite, pelo menos, duas influências culturais ou duas palavras.

2. Agora reflita sobre os elementos das línguas e das culturas africanas que estão presentes em sua forma de viver. Cite, pelo menos, duas influências culturais ou duas palavras.

Atividade aplicada: prática

1. Selecione seus cinco pratos de comida favoritos. Faça uma pesquisa para saber a origem de cada um desses pratos: de qual cultura e época vieram. Pesquise, também, os nomes dos pratos e dos ingredientes e verifique de quais línguas procedem. Organize os dados em uma tabela, de modo que possam ser apresentados e facilmente visualizados.

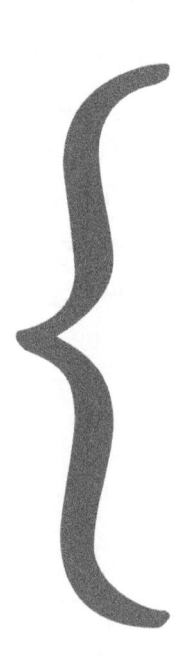

{

um	Língua e cultura
dois	Origens e formação do português brasileiro
# três	**Português brasileiro e português europeu: principais diferenças**
quatro	Variações linguísticas no português brasileiro
cinco	Traços da personalidade brasileira
seis	Música, língua e cultura brasileira

{

❲ AS LÍNGUAS ESTÃO em constante mudança e variação, transformam-se naturalmente à medida que as sociedades mudam. Já apresentamos aqui um breve estudo sobre a história da língua portuguesa: suas origens do latim, as influências das outras línguas na Península Ibérica, o galego-português consolidando a língua dos colonizadores e as influências linguísticas indígenas, africanas e europeias na América portuguesa. Foram muitas influências, não?

Também analisamos a mudança linguística do português no decorrer da história e, agora, estudaremos a variação linguística observando os fenômenos linguísticos que constituem nossa língua, o português brasileiro, na atualidade.

Se, no Capítulo 2, delineamos uma perspectiva histórica para os fatos linguísticos, neste e no próximo capítulos nos ocuparemos dos fatos linguísticos em si, mas ainda remetendo, quando necessário, às influências históricas.

Neste ponto, em especial, contrastaremos a variedade do português brasileiro com a variedade do português europeu, que é o português falado atualmente em Portugal.

Ao falar das variedades, cabe mencionar que o português é, hoje, a língua oficial de nove países, localizados em quatro continentes, e a língua materna de mais de 260 milhões de pessoas no mundo. Na América, está no Brasil; na Europa, em Portugal; na África, em Angola, Cabo Verde, Guiné-Bissau, Guiné Equatorial e Moçambique e São Tomé e Príncipe. Na Ásia, no Timor-Leste. Além dos nove países, o português é falado também em certas regiões de alguns países asiáticos, como Goa, Damão e Diu, territórios da Índia, e Macau, território da China.

Incrível, não? Você sabia que sua língua está espalhada pelo mundo todo? Agora, imaginemos a quantidade de variações que deve haver entre o português de cada país, a riqueza cultural e quantas diferenças poderão ser observadas em um estudo comparativo entre as tantas variedades, todas, no entanto, consideradas "língua portuguesa".

Há uma unidade na diversidade. Cada região vai desenvolvendo suas especificidades, mas, ao mesmo tempo, mantendo a estrutura da língua-mãe, o que permite que "conversem entre si", sem tanta dificuldade. No final deste capítulo, deixaremos a indicação de um documentário que trata da língua portuguesa ao redor do mundo, mencionando cada variedade, que tem sua história, sua cultura e seus falares característicos.

Seria muito enriquecedor, e extenso, fazer um estudo abrangendo as variedades de todos os outros países que falam português, mas nosso objetivo central, neste trabalho, é caracterizar a língua e os aspectos culturais no Brasil. Para isso, no presente capítulo, pretendemos ressaltar caraterísticas próprias do português brasileiro por meio da observação de suas diferenças com o português europeu.

Você já prestou atenção em uma pessoa de Portugal falando? Notou semelhanças e diferenças? Teve alguma dificuldade para entender? Se você teve contato com essa variedade na forma escrita (ou seria contacto?), provavelmente notou uma semelhança muito grande com os textos brasileiros, talvez até nem percebeu que se tratava de um texto redigido por um estrangeiro. Mas, se foi pela língua falada, provavelmente aconteceu o contrário: você, imediatamente, concluiu que não se tratava de um brasileiro. E por quê?

Isso acontece porque a língua escrita está mais sujeita a normas gramaticais e, por meio delas, prevalece certa unidade. Já a língua oral funciona de modo mais dinâmico e está mais sujeita à mudança em vários níveis. Por isso, o primeiro que notamos de diferente, possivelmente, seja o sotaque. E, olhando mais detidamente, quais seriam esses níveis de diferenças?

trêspontoum
Diversos níveis de diferenças

Se procurarmos identificar as áreas que compõem a gramática de uma língua, encontraremos, segundo Castilho (2014) e Gavioli-Prestes e Legroski (2015):

- Fonética: estuda os sons da fala, como entidades físico-articulatórias isoladas.
- Fonologia: estuda os sons pelo ponto de vista funcional, como elementos que integram um sistema linguístico determinado.
- Morfologia: trata da formação de palavras. É o estudo da estrutura dos morfemas, ou seja, dos constituintes das palavras. A morfologização é o processo de criação e de alteração dessas estruturas.
- Sintaxe: é o estudo das estruturas sintagmáticas e sentenciais. A sintaticização é o processo de criação dessas estruturas.
- Semântica: encarrega-se do estudo do significado.
- Pragmática: analisa o uso que os falantes fazem das sentenças e de aspectos ligados ao contexto, ou seja, de coisas que estão fora do âmbito da língua.

Vale adicionar o conceito de léxico, que corresponde ao conjunto de vocábulos ou palavras de determinada língua.

Todos esses níveis estão interligados, uma vez que, em uma língua, nada funciona sozinho. São áreas da gramática interdependentes, que se relacionam e se complementam, mas que podem ser observadas isoladamente, a fim de se obter mais clareza conceitual e aprofundamento na pesquisa.

Em todas essas áreas, encontraremos variações entre as línguas. Na presente abordagem, vamos integrar algumas dessas áreas em razão da proximidade entre elas e da praticidade do enfoque, no sentido didático. As diferenças observadas serão: fonético-fonológicas, morfossintáticas, léxico-semânticas e pragmáticas.

Nesse sentido, faremos a análise das diferenças linguísticas da língua portuguesa em dois âmbitos: primeiramente, neste capítulo, comparando o português do Brasil com o português de Portugal e, no próximo, contrastando algumas das variedades da língua portuguesa nas diversas regiões do Brasil, por meio de fatos linguísticos que as evidenciam.

Como já afirmamos na *Apresentação* deste livro, não faremos uma descrição detalhada e abrangente dessas variações, mas sim uma introdução para proporcionar uma visão geral das caraterísticas e da história de nossa língua como parte, também, do estudo de nossa cultura.

Para ilustrar nosso estudo sobre as diferenças entre o português do Brasil (representado como PB) e o português de Portugal (representado como PE, português europeu), citaremos trechos da apresentação humorística *Um português e um brasileiro entram num bar**, diálogo entre um brasileiro e um português que conversam e brincam com as diferenças entre as línguas apresentado pelo humorista português Ricardo Araújo Pereira e pelo humorista brasileiro Gregório Duvivier (Um português..., 2017).

Você já deve ter ouvido falar a respeito de falhas de comunicação entre falantes de variedades do português, principalmente

---

* A apresentação fez parte da programação do Experimenta Portugal 2017, promovido pela Unibes Cultural. Disponível em: <https://www.youtube.com/watch?v=hK0zHiZpHWI>. Acesso em: 9 jun. 2022.

entre as variedades faladas no Brasil e em Portugal, certo? É comum ouvir histórias divertidas e piadas sobre isso, uma vez que essas falhas produzem situações engraçadas, às vezes até constrangedoras. Assim, surgiu toda uma tradição de brincadeiras entre brasileiros e portugueses. Essa parte engraçada torna, evidentemente, o estudo mais ilustrado e interessante e, por isso, selecionamos trechos do vídeo humorístico como exemplificação.

Iniciemos, então, a análise das diferenças entre o PB e o PE, sob as perspectivas fonético-fonológicas, morfossintáticas, léxico-semânticas e pragmáticas, nas próximas seções.

trêspontodois
Diferenças fonético-fonológicas

Vejamos, primeiramente, as diferenças fonético-fonológicas, isto é, as relacionadas aos sons da língua. Nesse nível, encontramos uma das diferenças mais notáveis entre o PB e o PE: o sistema de vogais.

As vogais são fonemas puros, sons produzidos pela passagem da corrente de ar pelo trato vocal, com relativa liberdade, sem obstáculos. Por isso, o que diferencia uma vogal de outra são as manobras articulatórias da mandíbula, dos lábios e da língua, que modificam a forma e o tamanho do trato vocal (Engelbert, 2012).

Além disso, cada movimento pode mudar consideravelmente o som das palavras e o sotaque de uma pessoa. Apenas a abertura da mandíbula já é suficiente para produzir uma notória variação. Por exemplo, imaginemos uma pessoa que não consegue fazer o som da vogal aberta /é/, como é comum nos falantes nativos do espanhol. A pessoa, em vez de pronunciar "café", pronunciaria algo como "cafê". Por mais que a diferença seja mínima, isso seria bastante perceptível e estranho para um brasileiro, não? Portanto, as vogais cumprem um papel importante na caraterística sonora das línguas.

No vídeo a que nos referimos anteriormente, os humoristas se referem a diferenças na produção de vogais e, consequentemente, à diferença de ritmo entre as duas variedades do português. Primeiramente, fazem menção às vogais abertas e fechadas, que são pronunciadas diferentemente por brasileiros e portugueses e percebidas com estranheza por parte de ambos.

Vamos, então, observar algumas diferenças entre o PB e o PE, com base em uma distinção das vogais segundo sua intensidade e posição: **vogal tônica** (está na sílaba forte, com acento de intensidade) e **vogal átona** (está nas sílabas mais fracas, com menor intensidade), podendo ser pretônica, postônica ou átona final.

3.2.1 Vogais tônicas

Uma diferença entre vogais no PE e no PB, citada no vídeo, é que os portugueses pronunciam vogais abertas e os brasileiros pronunciam vogais fechadas. Além dos exemplos dados pelo humorista português, como bebé (na pronúncia portuguesa) e bebê (na pronúncia brasileira), existem palavras proparoxítonas que admitem o acento agudo ou circunflexo para acomodar a diferença de timbre nas sílabas tônicas/tónicas seguidas de consoantes nasais grafadas com *m* ou *n*. Os portugueses pronunciam com timbre aberto, então colocam acento agudo; os brasileiros pronunciam com timbre fechado, então colocam o acento circunflexo*. Vejamos exemplos no Quadro 3.1.

QUADRO 3.1 – EXEMPLOS PALAVRAS COM VOGAIS ABERTAS E FECHADAS NO PE E NO PB

PE/PB	PE/PB	PE/PB
académico/ académico	anatómico/ anatômico	género/gênero
fémea/fêmea	ténue/tênue	Amazónia/Amazônia

Na posição tônica, o PB tem um sistema de sete vogais e o sistema do PE tem oito vogais. Vejamos as vogais e exemplos de uso no Quadro 3.2.

---

* Conferir no Acordo Ortográfico, Base XI: Da acentuação gráfica das palavras proparoxítonas, Item 3. Disponível em: <http://www.portaldalinguaportuguesa.org/?action=acordo&version=1990>. Acesso em: 28 jul. 2022.

Quadro 3.2 – Vogais tônicas no PB e no PE

Português brasileiro	Português europeu
Há sete vogais tônicas: /a/, /e/, /ɛ/, /i/, /o/, /ɔ/, /u/. Não se distingue a vogal temática {-a-} no presente e no pretérito: *falamos*. A vogal [e] se mantém como anterior média fechada antes de palatal: *espelho, fecho*.	Há oito vogais tônicas: /a/, /ɐ/, /e/, /ɛ/, /i/, /o/, /ɔ/, /u/, distinguindo-se um /a/ central baixo no pretérito, *falamos*, de um /ɐ/ mais alteado no presente, [fa'lɐmus]. A vogal [e] antes de palatal é dita [ə]: *espelho* [iʃ'pəʎu], *fecho* ['fəʃu].

FONTE: Elaborado com base em Castilho, 2014.

Na classificação das vogais segundo a altura*, podemos ver que, no sistema do PE, essa vogal central está na posição média (em destaque), a qual não existe no PB em sílaba tônica. Observe, no Quadro 3.3, os símbolos fonéticos** que indicam os sons de acordo com a variação de altura.

---

* As vogais são classificadas de acordo com o posicionamento da língua quanto à altura, no movimento vertical (baixa, média, alta); quanto à anterioridade/posterioridade, no movimento horizontal (anterior, central, posterior); e quanto à configuração dos lábios (arredondado ou não arredondado). Para mais informações, consultar Cristófaro-Silva (2003).

** Neste livro, utilizamos o IPA – International Phonetic Alphabet (Alfabeto Fonético Internacional) para representar os sons das vogais e das consoantes da língua portuguesa.

Quadro 3.3 – Vogais tônicas segundo a altura

	Acentuadas		
Altas	i		u
Médias	e	ɐ	o
Baixas	ɛ	a	ɔ

FONTE: Elaborado com base em Instituto Camões, 2006.

Com a vogal central [ɐ], os portugueses fazem a diferença entre o verbo *para* ['paɾə] e a preposição *para* ['pɐɾə], como apontado pelo humorista Ricardo, no vídeo mencionado:

- "Ninguém para (verbo) o Benfica" – refere-se a que ninguém é capaz de parar ou vencer o time Benfica.
- "Ninguém para (preposição) o Benfica" – refere-se a que não há jogadores disponíveis para o time Benfica.

Essa diferença, porém, não deve ser tratada no mesmo nível da diferença entre as formas verbais de "falamos", no presente e no pretérito perfeito, pois, aqui, temos um par de homógrafos constituídos por verbos, portanto, palavras de conteúdo. Em "para" (verbo) e "para" (preposição), temos uma palavra de conteúdo, o verbo, que recebe ênfase na frase, e uma palavra funcional, a preposição, que não recebe ênfase*.

---

* Palavras de conteúdo são aquelas que carregam significado (substantivo, adjetivo, verbo, advérbio); as funcionais são aquelas que organizam a sentença gramaticalmente (preposição, pronome, artigo, conjunção).

Vejamos que, no português brasileiro, em nossa fala, pronunciamos a preposição como "pra". Essa supressão da vogal influencia no ritmo, que é o que veremos a seguir.

3.2.2 Vogais átonas e o ritmo

A grande diferença entre o português brasileiro e o português europeu, também relacionada à produção de vogais, está no ritmo. Vejamos as vogais e exemplos de uso no Quadro 3.4.

Quadro 3.4 – Vogais átonas no PB e no PE

Português brasileiro	Português europeu
Há cinco vogais átonas pretônicas e todas soam claramente: /a/, /e/, /i/, /o/, /u/. Todas elas são pronunciadas e, assim, não se confunde, por exemplo, **de frente** com **diferente**. Nessa distribuição, não há distinção entre [e] fechado e [ɛ] aberto, por isso pronunciam-se da mesma forma "pregar um prego" e "pregar na igreja".	Há oito vogais átonas pretônicas, em que [e] fechado move-se para [ë], como em pëqueno, mas a tendência é omiti-las, como em *telefone* [tulfòn], *pedido* [p'didu] etc. Pedir, em um hotel, "um apartamento de frente" será entendido como "um apartamento diferente". Nessa distribuição, distingue-se [e] de [ɛ], por isso, pronunciam-se diferentemente "prêgar um prego" e "prègar na igreja".

FONTE: Elaborado com base em Castilho, 2014.

Como soa para você essa omissão da vogal átona pretônica, como no exemplo de se dizer "difrente" em vez de "diferente"? Diferente, não? E a palavra *pedido* sendo pronunciada como "p'didu", omitindo a vogal /e/ pretônica? Pois essa é uma das marcas do PE, que ressalta aos ouvidos dos falantes do PB.

Essa diferença da vogal pretônica influi diretamente o ritmo das frases e da língua como um todo, marcando cada sotaque com características inconfundíveis.

Como explicam Abaurre e Galves (1998, p. 379), "a redução das pretônicas afeta o ritmo da língua porque ela tem como efeito apagar parte das batidas que definem a métrica do verso, e que são a base do esquema acentual da língua".

Ao reduzir a vogal e diminuir as batidas, teremos um ritmo notoriamente diferente nas palavras. Já prestou atenção no ritmo de suas próprias palavras? Faça o exercício e, depois, compare com alguma dessas pronúncias exemplificadas do PE.

Por essa questão do ritmo, temos a impressão de que o falante português fala bem mais rápido do que o brasileiro. No vídeo citado anteriormente, Gregório Duvivier observa que as palavras do PE têm pressa de terminar. Ele se refere à diferença na pronúncia citando as palavras *confortável* e *colesterol*, exemplificando a diferença rítmica entre o PE e o PB. Vejamos a pronúncia dessas duas palavras no quadro a seguir.

QUADRO 3.5 – PRONÚNCIAS DAS PALAVRAS *CONFORTÁVEL* E *COLESTEROL* NO PE E NO PB

Palavra	PE	PB
confortável	[knfɚ'tavl]	[kõnfor'taveʊ]
colesterol	[kləs'trɔl]	[koleste'rɔʊ]

Como podemos observar no Quadro 3.5, na transcrição do português brasileiro, todas as vogais aparecem claramente, sendo as duas palavras produzidas com quatro sílabas. Já no português europeu, há uma redução de sílabas em cada palavra, por eliminação de vogais átonas, reduzindo para duas.

Nossa tendência é imaginar que essa diferença de ritmo se deve ao fato de que o português do Brasil foi se transformando e se afastando de sua língua-mãe no decorrer dos séculos, e uma dessas diferenças foi a acentuação rítmica mais marcada, com a pronúncia de todas as vogais. Certo? Pois, aí acontece algo curioso.

As autoras Abaurre e Galves (1998) afirmam que a pronúncia do PB está mais próxima do português clássico do que a do PE. Em outras palavras, foi o PE que sofreu mudança com a redução das vogais em sílaba pretônica, mais recentemente, depois que a língua já tinha chegado ao Brasil, onde pôde manter certas caraterísticas de sua forma clássica, como a pronúncia das pretônicas. Interessante, não?

Quanto a essa questão da maior proximidade entre o PB e o português clássico, utilizaremos exemplos de outro vídeo, intitulado *As marcas do português brasileiro**, produzido pela Fundação de Amparo à Pesquisa do Estado de São Paulo – Fapesp (As marcas..., 2015).

No vídeo, o linguista e professor Ataliba Castilho fala sobre a diferença no ritmo entre o PB e PE e como esse afastamento entre as duas variedades aconteceu na versão europeia. Ele cita

---

* Vídeo produzido pela equipe de Pesquisa Fapesp com depoimentos dos linguistas e professores Ataliba Castilho, José da Silva Simões e Manoel Orivaldo de Almeida. Disponível em:<https://www.youtube.com/watch?v=osDuGRKwguY>. Acesso em: 28 jul. 2022.

o exemplo da palavra *telefone*, que foi se alterando com o passar do tempo na pronúncia dos portugueses e que foi percebida por ele em três fases, conforme disposto no quadro a seguir.

Quadro 3.6 – Pronúncias da palavra *telefone* no português europeu

TE – LE – FO – NE
TUL – FÓN
T'FÓN

No Quadro 3.6, vemos que a palavra original contém quatro sílabas, que foram reduzidas para duas e, depois, para uma sílaba. É o mesmo fenômeno de redução de vogais átonas que observamos nas palavras *confortável* e *colesterol*, citadas no Quadro 3.5. Como podemos ver, no PE, a tendência é manter a pronúncia apenas das vogais tônicas.

Outro exemplo referente às vogais pretônicas é que os portugueses pronunciam de modo diferente palavras como *menino*, reduzindo o /e/ pretônico ao chamado *schwa*, ou seja, à vogal [ə] (também representada como [ë], símbolo utilizado por Castilho no Quadro 3.4, pg. 113), e o brasileiro faz um alçamento da vogal, produzindo um [i]. Teríamos algo como [m'nino] no PE e [minino] no PB.

A questão é que há reduções em ambas as línguas, mas se processam de maneira diferente. Os portugueses, usando o *schwa* como vogal pretônica, eliminam essa vogal na fala em razão do ritmo acentual – a palavra *querida* soa para nós como *crida*. No português do Brasil, a redução é feita com o alçamento da vogal, ou seja, o [e] muda para [i] – *quirida*. No português do Brasil, ao contrário dos portugueses que costumam eliminar vogais, costumamos, aqui, inserir vogais para quebrar encontros consonantais não comuns na língua como nas palavras *psicologia*, *advogado* e *ritmo*, em que os brasileiros pronunciam com o acréscimo de um [i] – pisicologia, adivogado, rítimo. Esse fenômeno é chamado de *epêntese*. Contudo, apesar de acostumados à inserção de vogais, também as eliminamos em alguns casos, como na preposição *para*, pronunciando pra, conforme apontado anteriormente.

Conseguiu visualizar bem as diferenças entre as variedades do português falado no Brasil e em Portugal nesse primeiro nível? Há muitas outras, ainda no nível fonético-fonológico, mas vamos nos deter a essas mencionadas e passaremos, agora, a discutir sobre as diferenças nos níveis morfológicos e sintáticos.

trêspontotrês
Diferenças morfossintáticas

Assim como são várias as diferenças no nível sonoro da língua, no nível da formação de palavras e de sentenças, também vamos encontrar muitas diferenças entre as variedades americana e europeia da língua portuguesa. Os humoristas, no vídeo, mencionam a questão da colocação pronominal com o exemplo das construções *amo-te* e *te amo*.

Entre as diversas opções de diferenças nesse nível, vamos escolher algumas como referência e ilustração. Os tópicos tratados serão os seguintes: colocação pronominal, diferenças no uso dos pronomes, perífrase de gerúndio e de infinitivo e estratégias de relativização.

3.3.1 Colocação pronominal

Os pronomes oblíquos átonos (clíticos) têm ordem variável no português, podendo ocorrer em três diferentes colocações:

1. Próclise, quando o pronome é colocado antes do verbo, como em: Me espera, por favor!
2. Ênclise, quando o pronome é colocado depois do verbo, como em: Espera-me, por favor!
3. Mesóclise, quando o pronome é colocado entre o radical e a desinência da forma verbal de futuro do presente e de futuro do pretérito, como em: Esperar-te-ei; Esperar-te-ia.

O PB e o PE variam na colocação enclítica e na proclítica. Analisemos este primeiro exemplo, apresentado por Castilho (2014), no Quadro 3.7.

Quadro 3.7 – Pronomes átonos no PB e no PE

Português brasileiro	Português europeu
Os pronomes átonos, por serem na verdade semiátonos, podem iniciar sentença, preferindo-se a próclise: <u>Me</u> passa o bife.	Os pronomes átonos não podem iniciar sentença, preferindo-se a ênclise: *Passa-me o bife*.

FONTE: Elaborado com base em Castilho, 2014.

O que você acha dessa diferença? Você fala "Me ajuda" ou "ajuda-me"?

Teyssier (2001) concorda com Castilho quando afirma que os falantes do PB aceitam naturalmente o pronome átono em início de frase, como nas construções *me parece que*, *me diga uma coisa*.

Brasileiros também usam formas diferentes dos portugueses quando o pronome é complemento de um infinitivo, de um gerúndio ou de um particípio, como listamos no Quadro 3.8.

Quadro 3.8 – Exemplos de pronomes átonos no PB no PE

PB	PE
Pode me dizer?	Pode-me dizer?
Ia pouco a pouco se afastando.	Ia-se pouco a pouco afastando.
Não tinha ainda se afastado.	Não se tinha ainda afastado.

FONTE: Elaborado com base em Teyssier, 2001.

Nesse último exemplo, a regra de colocação pronominal indica que o advérbio *não* deve atrair o pronome, mas os falantes do PB não aplicam essa regra.

3.3.2 Diferenças no uso dos pronomes

Não é somente na colocação, mas também no uso dos pronomes que se diferenciam o PE e o PB. Aqui vão alguns exemplos dessas diferenças.

Um exemplo bem característico de diferença no uso de pronome entre PE e PB, por uma inovação no Brasil, é o uso de *ele(s)/ela(s)* em lugar dos oblíquos átonos *o(s)*, *a(s)*. O português diz "Eu a vi", e o brasileiro vai dizer "Eu vi ela". Embora infratora na tradição gramatical, essa é uma forma bastante comum na fala coloquial brasileira. Segundo o linguista Silvio Edmundo Elia (2010), esse fenômeno é um caso de influência das línguas africanas dos escravos no período da colonização. Segundo o autor, esse é "um exemplo típico de que não se pode excluir das explicações linguísticas o fator histórico-social" (Elia, 2010, p. 179).

O linguista Marcos Bagno (2001), porém, discorda, afirmando que o pronome *ele(s)/ela(s)* usado como objeto direto é muito antigo na língua portuguesa, sendo, inclusive, encontrado em textos arcaicos, e foi trazido para o Brasil permanecendo vigoroso e forte até hoje. Ainda sobre o uso de *ele(s)/ela(s)* como objeto, Bagno (2001, p. 102) afirma que, no PB, "os pronomes oblíquos de 3ª pessoa estão, senão totalmente mortos, pelo menos moribundos".

Outro exemplo no que diz respeito aos pronomes é o uso do sujeito da infinitiva preposicionada. No Brasil, é comum que o sujeito apareça no caso oblíquo, como na construção *Isso é para mim fazer*, enquanto, em Portugal, o sujeito se usa no caso reto, como na construção *Isso é para eu fazer* (Castilho, 2014).

Essa é uma inovação ocorrida em nosso país que, segundo Marcos Bagno (2001), acontece de uma mudança de regras morfossintática. O autor explica que o português do Brasil apresenta "a tendência cada vez mais acentuada de *explicitar* o sujeito e *apagar* o objeto direto" (Bagno, 2001, p. 112, grifo do original). O falante de PE tende a colocar o sujeito nulo, ao passo que o falante de PB coloca o objeto nulo e exemplifica com uma situação em que uma pessoa diz "acabo de ver o Pedro na sala do diretor". Um português responderia: "também o vi" (sujeito nulo); o brasileiro responderia: "eu também vi" (objeto nulo) (Bagno, 2001, p. 112).

Para concluir nossa análise sobre pronomes, também tratando da concordância verbal, vamos abordar a alternância pronominal entre *nós* e *a gente*.

Dependendo do contexto, podemos usar uma ou outra em ambientes formais ou informais, por exemplo. Por enquanto, estamos apenas alternando os pronomes, mas podemos adicionar à reflexão a alternância da conjugação verbal, então poderíamos ter, por exemplo, a construção *nós vai jantar*. Vamos ver um estudo a respeito.

Cassio Rubio (2012), que desenvolveu uma pesquisa com centenas de falantes do PE e milhares de falantes do PB, demonstra que seus informantes brasileiros usaram, em mais de 70% das produções, a construção *a gente* e, em menos de 30%, o pronome *nós*. Já os portugueses informantes da pesquisa produziram quase 60% de dados com o pronome *nós* e pouco mais de 40% com a forma *a gente*.

Constatamos que existe a alternância nas duas variedades, mas em porcentagens diferentes. Além disso, no PB, há uma considerável maioria no uso de *a gente*. Vejamos os dados do Quadro 3.9.

QUADRO 3.9 – PORCENTAGEM DE USO DE NÓS E A GENTE NO PB E NO PE

Variedade	Nós	A gente	Total
PB	26,2% (570)	73,85 (1603)	100% (2173)
PE	58% (276)	42% (200)	100% (476)

FONTE: Rubio, 2012, p. 223.

Com relação à construção verbal, os brasileiros da pesquisa de Rubio (2012), quando usaram *a gente*, colocaram a terceira pessoa do singular em 94% dos dados, e a primeira pessoa do plural em apenas 6%. Já os portugueses usaram menos a terceira pessoa do singular com a forma *a gente* – 75% das vezes – e, em 25% das produções, colocaram o verbo na primeira pessoa do plural.

Quando usaram o pronome *nós*, os brasileiros colocaram o verbo 85% das vezes na primeira pessoa do plural e 15% na terceira pessoa do singular, e os portugueses usaram a primeira pessoa do plural em 100% das produções. Seguem os dados no Quadro 3.10.

QUADRO 3.10 – PORCENTAGEM DE USO DE *NÓS* E *A GENTE*, COM A CONJUGAÇÃO VERBAL, NO PB E NO PE

	A gente		Nós	
Brasileiros	6%–1ª PP	94%–3ª PS	85%–1ª PP	15%–3ª PS
Portugueses	25%–1ª PP	75%–3ª PS	100%–1ª PP	

FONTE: Rubio, 2012, p. 262.

Confira alguns exemplos com as possíveis combinações no quadro a seguir.

QUADRO 3.11 – EXEMPLOS DO USO DE *NÓS* E *A GENTE*, COM A CONJUGAÇÃO VERBAL, NO PB E NO PE

	A gente		Nós	
Brasileiros		_ ... a gente fala que é a Lagoa Seca, né?		_ ... nós nunca desconfiô(u) de nada...
Portugueses	_ o navio fica ancorado e a gente íamos com os botezinhos...		_ pois nós rebolávamos a rir...	

FONTE: Elaborado com base em Rubio, 2012.

Com base nesses resultados, percebemos que há preferência pelo uso da expressão *a gente* com o verbo na terceira pessoa do singular pelos brasileiros, e há predominância no uso de pronome pessoal *nós* com o verbo na primeira pessoa do plural pelos portugueses.

3.3.3 Perífrase de gerúndio e de infinitivo

Outra diferença marcante na sintaxe do português de Portugal é o uso da perífrase de infinitivo – estamos a estudar –, em lugar da perífrase de gerúndio – estamos estudando. Já notou que eles falam assim?

Essa diferença pode ser verificada no vídeo da Fapesp, que mencionamos anteriormente (*As marcas do português brasileiro*, 2015). O Professor José da Silva Simões trata desse outro item de afastamento entre as variedades portuguesa e brasileira.

Será que, no caso da perífrase verbal, foram os brasileiros que mudaram do infinitivo para o gerúndio? Ou será que, novamente, como no caso da redução das vogais em sílaba pretônica, foram os portugueses que alteraram seu idioma em solo português após a colonização do Brasil?

O Professor Simões explica que os portugueses abandonaram a estrutura do gerúndio e desenvolveram uma nova forma com o infinitivo. Curioso, não? Quem diria que, em certos aspectos, o português do Brasil conserva mais o português clássico do que o português de Portugal?

A conclusão disso é que, como afirma Menon (2009), não é só a variedade brasileira que muda. Como ressaltamos anteriormente, todas as línguas estão em constante movimento, em estado de evolução, e a variedade portuguesa não poderia ser uma exceção. A frase da conclusão é o título de um trabalho de pesquisa a respeito do tema, que será indicado no final do capítulo.

Para finalizar as diferenças morfossintáticas entre o PB e o PE, vamos analisar um fenômeno na sintaxe do PB chamado de *estratégia de relativização*.

3.3.4 Estratégia de relativização

Esse fenômeno se refere à mudança na estrutura de sentenças com o pronome relativo *que* com verbos acompanhados de preposição. Sentenças como *Ela é a amiga de que mais gosto* são dificilmente encontradas na fala de um brasileiro, mas comuns na fala de um português. O brasileiro prefere usar outras estratégias, como: Ela é a amiga *que* eu mais gosto *dela* ou, simplesmente, Ela é a amiga *que* eu mais gosto.

A primeira estratégia é chamada de *copiadora*, porque repete, "copia", o elemento referido pelo pronome *que*. A segunda é chamada *cortadora*, porque simplesmente corta a preposição. Segundo Bagno (2001), os falantes cultos brasileiros estão usando cada vez mais a relativa copiadora. Já a relativa cortadora é mais característica dos falares populares, em construções como: (1) Ela chegou com as mesmas roupas que saiu; (2) Eu não vi o homem que você falou.

Outros exemplos da relativa copiadora, também chamado de *relativa com pronome lembrete*, considerada mais popular são: (1) Eu tenho um professor, que ele é ótimo; (2) Esse é um ator que eu nunca ouvi falar dele.

Você costuma usar a relativa padrão, a copiadora ou a cortadora?

A copiadora ainda é estigmatizada, mas a cortadora "veio pra ficar. Mesmo na língua escrita mais monitorada [...] esse tipo de estratégia de relativização já da mostra de sua força" (Bagno, 2001, p. 92).

Analisemos agora as diferenças no vocabulário das duas variedades da língua portuguesa.

trêspontoquatro
Diferenças léxico-semânticas

Chegamos, agora, às diferenças lexicais que se referem a diferenças no vocabulário, ou seja, nas palavras e nas expressões da língua. Possivelmente, esse é o tema mais recorrente em diálogos comparativos entre variedades de uma mesma língua e, talvez, o nível mais fácil para o intercâmbio de elementos entre duas línguas. Desde o início do século XIX, o vocabulário é usado para mostrar diferenças entre o PB e o PE, muitas vezes, baseadas nas contribuições léxicas das línguas indígenas e africanas no PB.

Se já existem, como vimos anteriormente, muitas diferenças na pronúncia das palavras e na composição gramatical das sentenças, no vocabulário as diferenças são ainda mais numerosas. Vamos fazer menção a apenas algumas dessas diferenças.

Voltando aos exemplos dados pelos humoristas no vídeo, temos as seguintes sentenças que têm o mesmo significado:

- PB: Estou no acostamento porque minha perua não tem estepe.
- PE: Estou na berma porque minha carrinha não tem pneu sobressalente.

Como podemos ver, embora a construção das sentenças esteja igual e as diferenças de sotaque não impeçam a compreensão, a comunicação poderá ser comprometida pela diferença nas palavras usadas. É bem possível que *pneu sobressalente* seja compreendido, mas as palavras *berma* e *carrinha* precisam ser de significado conhecido pelo ouvinte para a compreensão do enunciado completo.

As diferenças no léxico estão presentes nas diferentes classes morfossintáticas (verbos, adjetivos, substantivos) e, também, nas expressões. Vamos dar uma atenção especial aos substantivos e às expressões.

Primeiramente, observemos uma pequena lista de palavras comuns, do dia a dia.

Quadro 3.12 – Exemplos de diferenças de vocabulário entre o PE e o PB

PE	PB
Casa de banho	Banheiro
Carrinha	Utilitário ou perua
Cerveja de pressão	Chope
Comboio	Trem
Ecrã	Tela (de computador, TV, celular etc.)
Lombo	Filé mignon
Rapariga	Moça
Reformado	Aposentado
Pastilha elástica	Chiclete, goma de mascar
Peão	Pedestre

FONTE: Elaborado com base em Ilari; Basso, 2006.

Interessante, não? São diferenças que, facilmente, podem ser solucionadas com a ajuda de um dicionário ou mesmo de perguntas ao interlocutor, mas podem também gerar mal-entendidos, dependendo do contexto. Chamar uma moça de rapariga, por exemplo, pode soar ofensivo no Brasil, dependendo da situação.

Passando às expressões, encontramos algumas expressões idiomáticas interessantes nas duas variedades da língua na pesquisa de Xatara e Seco (2014), listadas no quadro a seguir.

Quadro 3.13 – Exemplos de diferenças entre expressões do PE e do PB

PE	PB
Ir para a quinta das tabuletas	Vestir o pijama de madeira
Equilibrar o barco	Não deixar a peteca cair
Fugir a sete pés	Dar no pé
Ir para o galheiro	Ir pra(s) cucuia(s)
Dar uma descasca	Dar uma dura
Na mó de baixo	No fundo do poço

FONTE: Elaborado com base em Xatara; Seco, 2014.

Atentemos, agora, para uma lista de expressões organizadas em três categorias: exclusivas do PE, exclusivas do PB e comuns a ambos. Notemos que são expressões formadas a partir de palavras que estão no vocabulário das duas variedades, mas que assumem certo significado, dependendo de como são colocadas. Esse fenômeno se chama *diferenças de colocação*.

Quadro 3.14 – Exemplos de expressões comuns e exclusivas do PE e do PB

PE	PB e PE	PB
Feito um burro	Teimoso como uma mula	Que nem a mulher do piolho
Como uma gralha	Falar pelos cotovelos	Mais que o homem da cobra
A potes	Chover a cântaros	Canivetes
Como os trovões	Feio de doer	Como a mulher do guarda
Para além do estúpido	Surdo como uma porta	Feito um muro
Pescar um marido	Arranjar um marido	Fisgar um marido
Pela medida grande	Apanhar	Como um cachorro sem dono
Como um pisco	Comer	Como um passarinho
Como um prego	Dormir como uma pedra	Como um gato no hotel

FONTE: Elaborado com base em Ilari; Basso, 2006.

As expressões, assim como as gírias, são elementos linguísticos que variam muito por regiões e grupos socioculturais. Mudam muito rápido, pois são mais comuns na língua falada e são muito utilizadas por jovens, que, frequentemente, estão criando termos novos. Você já percebeu isso? Expressões novas que você não conhecia e outras que já conhecia, mas nota que vão caindo em desuso? Essa observação é uma constatação do constante movimento das línguas.

Agora, remetendo-nos ao Capítulo 2, quando falávamos das transformações do latim, que foi dando origem ao romance, ao galego-português e, por fim, ao português, fica mais fácil imaginar como e quão naturalmente essa evolução ocorreu. Concorda?

Após analisar todos esses dados, ressaltamos que as diferenças vão muito além dos exemplos dados e estão muito mais presentes na língua falada, que é muito mais suscetível às influências culturais de cada comunidade. Na língua escrita e nas situações mais formais de fala, as diferenças não são tão pronunciadas assim.

Tomando como referência os exemplos que apresentamos neste capítulo, as diferenças seriam um obstáculo na comunicação ou apenas variações de caráter regional que podem ser esclarecidas com relativa facilidade, a ponto de não comprometerem a comunicação?

Santos (2014, p. 11), em um trabalho sobre diferenças léxico-semânticas do português no Brasil e em Portugal, afirma que as diferenças léxico-semânticas existem, mas "não chegam a ser um obstáculo na comunicação". A autora, entretanto, alerta que, em alguns casos, especialmente na comunicação informal, pode ser necessário uma atenção redobrada ou o uso de um bom dicionário. Mais adiante, deixaremos a recomendação desse artigo, com vários exemplos e questões históricas sobre o assunto.

No diálogo dos humoristas Ricardo Araújo Pereira e Gregório Duvivier (Um português..., 2017), já citado anteriormente, foram apresentadas diferenças no nível dos sons, da estrutura das sentenças e dos significados das palavras e expressões. Esses níveis já foram tratados até este ponto de nosso estudo, no entanto, os humoristas não abordaram explicitamente diferenças pragmáticas no uso da língua.

Se examinarmos as pesquisas sociolinguísticas realizadas sobre as duas variedades, veremos que os trabalhos acadêmicos e científicos que descrevem esse tipo de diferença entre o PE e o PB são escassos. É uma área pouco explorada, por enquanto. Entretanto, consideramos de suma importância, em uma discussão sobre língua e cultura, como é o enfoque deste livro, tratar das diferenças de uso da língua, com exemplos que levam a dificuldades de comunicação não pela língua em si, mas pelo uso que se faz dela em determinados contextos. E é sobre esse nível de linguagem que trataremos na próxima seção – o nível pragmático.

trêspontocinco
Diferenças pragmáticas

A pragmática é o campo da linguística que trata do significado da linguagem em uso, o que depende da intenção do falante e do contexto da interação. O significado intencional é o foco dos estudos pragmáticos, pois resulta em comunicação explícita ou implícita. O ouvinte decodifica a fala do outro, muitas vezes, por meio de inferências na busca de uma "'descoberta' do que está implícito no enunciado" (Dias; Gomes, 2015, p. 114). Uma falha de comunicação pode acontecer caso a intenção do falante não seja compreendida pelo ouvinte em determinados contextos. Muitas vezes, uma ironia não é compreendida e o ouvinte pode entender a fala literalmente, desconectando-se da intenção do falante.

Reyes (2003) classifica o contexto em três tipos: (1) o linguístico, formado pelo conteúdo linguístico do enunciado; (2) o situacional, que se refere aos dados do contorno físico acessíveis aos participantes da conversação; (3) o sociocultural, que se configura pelo comportamento verbal e a adequação à determinada circunstância que envolve os interlocutores. As questões socioculturais são motivo de muita falha de comunicação entre portugueses e brasileiros.

As diferenças pragmáticas entre PB e PE ainda carecem de muita pesquisa. Gomes (2020) aponta para alguns tópicos sobre as regras pragmáticas que distinguem o PB do PE que merecem ser pesquisados. A autora considera que muitos mal-entendidos entre os falantes dessas duas variedades linguísticas se devem a diferenças pragmáticas e afirma:

> *Ainda que portugueses e brasileiros possam compreender as palavras e frases que ouvem na estrutura em que foram construídas, essas palavras remetem mutuamente a atitudes pragmáticas diferentes. Para uma boa compreensão intercultural, não basta compartilhar regras sintáticas e léxico: faz-se necessário dominar o vínculo pragmático entre cada sentença e a situação de mundo em que ela é empregada naquela sociedade.* (Gomes, 2020, p. 306)

Assim como a sintaxe e o léxico, a pragmática também tem suas regras, que precisam ser conhecidas para que haja a mútua compreensão em uma conversação. Como exemplo, temos as regras de cortesia, que podem facilitar ou dificultar as relações entre pessoas. Gomes (2020, p. 307) exemplifica assim: "o chefe que disser 'Por favor, você se importaria de ir buscar um café para mim?', em vez de dar a ordem 'Vá já pegar um café para mim!', será visto com mais simpatia". A técnica utilizada para respeitar as regras de cortesia foi a linguagem indireta.

As regras pragmáticas são diversas, variam entre culturas e podem, muitas vezes, produzir choques culturais. E o mais curioso é que duas variedades de uma língua, tal como é o caso do PB e do PE, podem ser muito próximas em sua gramática, compartilhando regras sintáticas, morfológicas etc., mas diferentes em regras pragmáticas. As consequências comunicacionais disso poderão ser demonstradas nos exemplos que citaremos a seguir.

Foi possível conferir na prática a afirmação de Gomes (2020) de que a literatura não nos oferece trabalhos com exemplos dessas diferenças. Existe mesmo um vácuo na literatura de trabalhos dessa natureza. No entanto, para não deixar de trazer exemplos de situações que demonstrem diferenças pragmáticas entre PE e PB, vamos apresentar alguns casos anedóticos, descrições impressionísticas de parentes e amigos, ou de histórias da internet, de relações entre brasileiros e portugueses.

As anedotas aqui descritas refletem o que Gomes (2020) aponta, com base em Carvalho (2005), em sua crônica, que afirma que a "linearidade lógica dos portugueses, aquela mania de interpretar tudo ao pé da letra, de responder exatamente ao que se perguntou e mais nada", pode se tornar "uma armadilha perigosíssima que espera todos os brasileiros desavisados" (Carvalho citado por Gomes, 2020, p. 313).

Anedota 1

O cronista citado por Gomes conta a história de uma comissária (hospedeira de bordo em PE), a bordo de um avião da TAP (companhia aérea de Portugal), que pergunta a um executivo brasileiro se ele aceita jantar. Ao que o passageiro responde com a pergunta: "E quais são as opções, senhorita?". A hospedeira dispara, incrédula, em seu sotaque português: "Ora, pois, meu senhor, as opções, evidentemente, são: sim ou não?!?" (Gomes, 2020, p. 313).

Vemos que, nesse caso, o brasileiro se referia às opções de menu, para ele era óbvio, como um significado implícito, que essas seriam as opções importantes a se avaliar na situação. Já para a portuguesa, o mais lógico seria ele responder à pergunta, se aceita ou não o jantar, antes de perguntar sobre o menu.

Anedota 2

Um brasileiro está em um táxi em Lisboa parado no sinaleiro e vê parar um carro ao lado com a porta do motorista entreaberta. Ele abre a janela e grita: "Ei, sua porta está aberta". O motorista não lhe dá atenção. Ele volta a gritar: "Sua porta está aberta". O motorista responde: "Não, não está". O brasileiro insiste: "Está, sim". Ao que o português responde com aquele sotaque característico: "Pode estar mal fechada, mas aberta certamente não está".

Vemos, aqui, outra diferença de abordagem da situação. O português utiliza com mais precisão e literalidade os conceitos de *aberto* e *fechado*. Para ele, soa incorreto dizer que uma porta fechada, mas mal trancada, esteja aberta. Já, no ponto de vista do brasileiro, não importa tanto dizer se a porta está entreaberta, encostada, mas sim definir se está fechada ou não. O sentido de que essa porta precisa ser corretamente fechada é mais importante do que a exatidão do conceito.

Anedota 3
Em busca de um restaurante, uma brasileira aborda uma portuguesa na rua e pergunta: "A senhora sabe se tem algum restaurante por aqui que sirva um bom bacalhau?". Ela responde: "Sei!". Alguns segundos se passam em silêncio (a brasileira aguardando a portuguesa dizer onde é o restaurante). A portuguesa, um pouco ansiosa, acrescenta: "Tu não me perguntaste, mas vou lhe dizer..." e explica onde fica o restaurante.

Nesse exemplo, notamos, da portuguesa, uma comunicação literal, ao pé da letra, em que cada pergunta tem de ser especificamente formulada e respondida. Já a brasileira contava com um significado implícito, óbvio, que não precisava ser expresso. É esse tipo de "acordo implícito" que chamamos de *regra pragmática*.

Anedota 4
Em um restaurante em Fátima, Portugal, uma brasileira, olhando o cardápio, conversa com a garçonete: "A carne de porco vem com arroz e a carne de boi, com purê de batata. Vocês não têm carne de porco com purê de batata?". Ao que ela respondeu rapidamente: "Não, não temos!". Mas a brasileira insiste: "Mas eu não como carne de boi e prefiro purê a arroz. Não dá pra servir carne de porco com purê?". E a garçonete responde: "Só se me pedires!".

Assim como no exemplo anterior, vemos na portuguesa a expectativa de perguntas e respostas exatas, e, na brasileira, a expectativa de interpretação de um significado implícito, de que não é necessário pedir, pois a pergunta já revela sua intenção.

Anedota 5

Em uma van com vários brasileiros e um motorista português na cidade do Porto, em Portugal, o brasileiro vê um carro passar em alta velocidade ao lado e diz: "Nossa, que motorista louco!! Eu vi o carro bater nesta van!". E o motorista, muito assustado, para a van e grita: "onde, onde bateu?".

A sentença *eu vi o carro bater*, emitida pelo brasileiro, tinha sentido figurado, como se fosse "eu imaginei esse carro bater", o português, entretanto, a recebe em sentido literal, entendendo que o brasileiro está afirmando que realmente houve uma batida.

Anedota 6

A anedota a seguir nos foi contada por Samine Benfica (2020). Um brasileiro entra em uma papelaria em Lisboa e pergunta: "Tem *pen drive* de 2 gigas?". O atendente responde: "Tem, sim, senhor!". E o brasileiro diz: "Quero um". Aí o atendente diz: "Aqui não vendemos *pen drive*".

Nesse caso, houve uma diferente interpretação do verbo ter. O brasileiro queria dizer "Nesta loja tem *pen drive* de 2 gigas para vender?". E o português entendeu "Existe *pen drive* de 2 gigas?". Por isso, a resposta foi afirmativa, ainda que a loja não vendesse *pen drive*.

Todas essas histórias refletem questões culturais que influenciam a comunicação entre brasileiros e portugueses. Estes, com sua "linearidade lógica" apontada pelo cronista citado anteriormente, interpretam literalmente cada fala. Os brasileiros, por sua vez, deixam implícitas em seus dizeres mensagens que os portugueses não conseguem captar, aquele "não dito" que nós, brasileiros, costumamos deixar para a compreensão de nosso interlocutor.

No próximo capítulo, trataremos do português brasileiro, considerando as diferenças regionais. Seguindo a mesma metodologia deste capítulo, vamos comparar as variedades do português no território nacional nas perspectivas fonético-fonológica, morfossintática, léxico-semânticas e pragmáticas. Tendo em mente a diversidade linguística, vamos também refletir sobre o conceito de norma, diferenciando norma culta de norma padrão e abordando a questão do preconceito linguístico.

Síntese

Neste capítulo, fizemos uma análise comparativa entre o português brasileiro e o português europeu sobre diferenças em diversas perspectivas linguísticas, nos sons, nas estruturas das palavras e sentenças, no vocabulário e nas questões de interação.

Constatamos, conforme afirmam diversos pesquisadores, que muitas das diferenças existentes entre as duas variedades nos tempos atuais não se referem a mudanças implementadas pelos brasileiros, mas sim pelos portugueses, em algum momento mais recente da história. As pesquisas em textos antigos descobriram que o português falado na época do descobrimento era muito mais próximo do português que falamos hoje no Brasil do que o falado em Portugal, principalmente no que se refere ao ritmo da língua. Afirma-se, por exemplo, que as rimas dos versos de *Os Lusíadas*, de Camões, só funcionam bem no português brasileiro, justamente pelo fato de que nós conservamos todas as vogais.

Também encontramos inovações morfossintáticas implementadas pelos portugueses. Os brasileiros continuam usando a perífrase de gerúndio, ao passo que os portugueses preferem o uso da perífrase de infinitivo.

Por fim, tratamos das diferenças pragmáticas entre o PB e o PE, um tema interessantíssimo e importante para a comunicação, mas ainda carente de investigação.

Atividades de autoavaliação

1. Analise as afirmativas a seguir sobre as áreas de estudo da a gramática de uma língua e marque V para as verdadeiras e F para as falsas.
   - ( ) A fonética estuda os sons da fala, como entidades físico-articulatórias isoladas.
   - ( ) A fonologia estuda os sons sob o ponto de vista funcional, como elementos que integram um sistema linguístico determinado.
   - ( ) Morfologia é o estudo das estruturas sintagmáticas e sentenciais. A sintaticização é o processo de criação dessas estruturas.
   - ( ) A semântica trata da formação de palavras. É o estudo da estrutura dos morfemas, ou seja, dos constituintes das palavras.
   - ( ) A pragmática se encarrega do uso que os falantes fazem das sentenças e de aspectos ligados ao contexto, ou seja, de coisas que estão fora do âmbito da língua.

Agora, assinale a alternativa que apresenta a sequência correta:
a. F, V, F, F, V.
b. V, F, F, F, V.
c. V, V, V, F, V.
d. V, V, F, V, V.
e. V, V, F, F, V.

2. Analise as afirmativas a seguir sobre as diferenças fonético-fonológicas entre o português brasileiro e o português europeu e marque V para as verdadeiras e F para as falsas.

( ) O português brasileiro e o português europeu não têm diferenças quanto às vogais abertas e fechadas.

( ) O número de vogais tônicas é o mesmo no português brasileiro e no português europeu, ou seja, sete.

( ) Há variação no número de vogais átonas: o português brasileiro tem cinco e o europeu tem oito.

( ) A omissão das vogais pretônicas no português europeu, como na palavra "pedido" sendo pronunciada como "p'didu", produz uma alteração no ritmo da língua.

( ) O ritmo do português europeu é mais próximo do português clássico do que o ritmo do português brasileiro.

Agora, assinale a alternativa que apresenta a sequência correta:
a. F, V, F, F, V.
b. V, F, F, F, V.
c. F, F, V, V, F.
d. V, V, V, V, V.
e. V, V, F, F, V.

3. Analise as afirmativas a seguir sobre as diferenças léxico-semânticas entre o português brasileiro e o português europeu.

I. No português brasileiro, os pronomes átonos, por serem, na verdade, semiátonos, podem iniciar sentença, preferindo-se a próclise, como em: "Me passa o bife".

II. No português europeu, pronomes átonos não podem iniciar sentença, preferindo-se a ênclise, como em: "Passa-me o bife".

III. Com relação ao uso dos pronomes, o português brasileiro usa mais "a gente", e o português europeu usa mais "nós".

IV. A seguinte oração é um exemplo de uso de pronomes bastante frequente no português europeu: "nós nunca desconfiou de nada".

V. O português europeu utiliza a perífrase de infinitivo – "estamos a estudar" – em lugar da perífrase de gerúndio – "estamos estudando". Essa forma do português europeu é a mesma do português clássico, que se manteve inalterada em Portugal até os dias atuais.

Assinale a alternativa correta:
a. Apenas as afirmativas I e II são verdadeiras.
b. Apenas as afirmativas I, II e III são verdadeiras.
c. Apenas as afirmativas III e IV são verdadeiras.
d. Apenas as afirmativas IV e V são verdadeiras.
e. Todas as afirmativas são verdadeiras.

4. Analise as afirmativas a seguir sobre as diferenças morfossintáticas entre o português brasileiro e o europeu.

I. São bastante significativas e podem, facilmente, comprometer a comunicação.

II. A expressão do português europeu *como os trovões* pode ser traduzida para o português brasileiro como "feio de doer".

III. A expressão do português europeu *chover a potes* pode ser traduzida para o português brasileiro como "chover canivetes".

IV. O termo do português brasileiro *banheiro* pode ser traduzido para o português europeu como "casa de banho".

V. O termo do português brasileiro *aposentado* pode ser traduzido para o português europeu como "reformado".

Assinale a alternativa correta:

a. Apenas as afirmativas I e II são verdadeiras.
b. Apenas as afirmativas III e IV são verdadeiras.
c. Apenas as afirmativas I, II, III e IV são verdadeiras.
d. Apenas as afirmativas II, III, IV e V são verdadeiras.
e. Todas as afirmativas são verdadeiras.

5. Analise as afirmativas a seguir sobre as diferenças pragmáticas entre o português brasileiro e o português europeu.

I. A pragmática é uma área de pouca pesquisa entre as duas variedades do português.

II. As diferenças pragmáticas são mínimas entre o português brasileiro e o português europeu. Quase não há registro de casos.

III. Além dos elementos linguísticos, necessários para a comunicação, há significados implícitos em certas situações ou contextos, que fazem parte do domínio da pragmática.

IV. Mesmo havendo pleno conhecimento das regras sintáticas e léxicas, se não houver um domínio do vínculo pragmático, pode não haver compreensão.

V. É comum haver falha de comunicação entre brasileiros e portugueses por questões pragmáticas. Os brasileiros, geralmente, consideram que os portugueses interpretam as coisas "ao pé da letra" e não "captam" significados óbvios da comunicação.

Assinale a alternativa correta:

a. Apenas as afirmativas I, III, IV e V são verdadeiras.
b. Apenas as afirmativas I, II e III são verdadeiras.
c. Apenas as afirmativas III e IV são verdadeiras.
d. Apenas as afirmativas IV e V são verdadeiras.
e. Apenas as afirmativas I, II e IV são verdadeiras.

Atividades de aprendizagem

Questões para reflexão

1. Você já refletiu sobre o fato de que, no passado, o português brasileiro e o português europeu eram uma só língua? Já refletiu sobre como, atualmente, são diferentes em tantos aspectos? Como será que aconteceram essas mudanças no decorrer dos séculos? Como já afirmamos, não foi só o português brasileiro que mudou, mas também o português europeu. Produza um texto escrito com suas reflexões sobre o processo de mudança das línguas, como naturalmente vão se afastando de sua forma original.

2. Considere os diversos níveis de diferenças entre o português brasileiro e o português europeu: fonético-fonológico, morfossintático, léxico-semântico e pragmático. Em sua opinião, qual deles pode ser o maior obstáculo na comunicação entre falantes das duas variedades? Justifique sua resposta em um texto escrito.

Atividades aplicadas: prática

1. Pesquise um texto ou um vídeo que tenha sido produzido nas duas variedades estudadas neste capítulo – português brasileiro e português europeu –, como o de texto de um *site* multilíngue, de um livro publicado nos dois países ou de um episódio de um desenho ou filme que tenha sido traduzido para as duas línguas. Leia o texto ou assista ao vídeo e compare os discursos nas duas variedades. Anote as diferenças encontradas e, depois, classifique-as, segundo seu nível de diferença (fonético-fonológico, morfossintático, léxico-semântico e pragmático). Organize os dados em um quadro para facilitar a visualização e ser apresentado a alunos ou professores.

um   Língua e cultura
dois   Origens e formação do português brasileiro
três   Português brasileiro e português europeu: principais diferenças
quatro   Variações linguísticas no português brasileiro
cinco   Traços da personalidade brasileira
seis   Música, língua e cultura brasileira

{

❰ O BRASIL ULTRAPASSOU a marca de 213 milhões de habitantes em 2021, segundo o Instituto Brasileiro de Geografia e Estatística (IBGE, 2022). Toda essa população é descendente de dezenas de nacionalidades, provenientes de quatro continentes, portanto é um país de uma diversidade e de uma riqueza cultural incalculáveis, mantenedor de uma unidade admirável em sua diversidade – a língua portuguesa. Em seu vasto território, marcado por tantas especificidades culturais, sua língua oficial perdura com grau de homogeneidade suficiente para que não haja sérias dificuldades de comunicação entre tantos sotaques e regionalismos, de Norte a Sul.

É importante ressaltar, no entanto, que o português brasileiro não é a única língua falada no país, nem mesmo a única oficial. Na unidade federativa, o país tem o português e a língua brasileira de sinais – Libras, reconhecida em 2002, como línguas oficiais. Além de, aproximadamente, 180 línguas indígenas que são faladas atualmente por certos grupos, em certas regiões. O município de São Gabriel da Cachoeira, por exemplo, no Amazonas, definiu como línguas oficiais as línguas indígenas tucano, nheengatu e baniwa (Gonçalves; Basso, 2010).

Somos, portanto, um país multicultural e multilíngue, mas, ao mesmo tempo, somos o maior país de língua portuguesa do mundo, com uma homogeneidade linguística incrível, que favorece a comunicação e, consequentemente, o desenvolvimento do país na cultura, na economia, na ciência etc.

E, mesmo com essa considerável homogeneidade, há pleno espaço para a heterogeneidade, ou seja, para as particularidades e os regionalismos. Esse será nosso foco neste momento.

No capítulo anterior, observamos particularidades da língua portuguesa por meio de comparações entre a variedade brasileira e a portuguesa. Neste capítulo, vamos tratar das variações dentro do Brasil, fazer um comparativo das diferenças regionais em nosso território, utilizando os mesmos níveis usados na discussão anterior, ou seja, diferenças referentes aos sons da fala, à formação de palavras e sentenças, ao vocabulário e às expressões e situações do uso da língua.

Em seguida, abordaremos o conceito de norma e refletiremos sobre as dicotomias fala/escrita, formalidade/informalidade, noções de certo/errado e sobre a responsabilidade dos professores, escritores, jornalistas, ou seja, de pessoas que lidam profissionalmente com a língua. Nosso propósito, na abordagem desse tema, é iniciar uma reflexão sobre o preconceito linguístico.

quatropontoum
Língua brasileira

Você já se perguntou qual língua falamos? Falamos a língua portuguesa ou a língua brasileira? Como soa, para você, ouvir alguém afirmar que falamos "brasileiro"? Talvez pareça engraçado, errado ou excessivamente nacionalista, mas consideremos essa possibilidade: Será que as diferenças entre a nossa língua e as demais variedades da língua portuguesa ao redor do mundo são suficientes para considerá-la um idioma à parte?

Quais seriam as vantagens e desvantagens de tornar a língua independente das demais? Afinal, existe certa aliança e intercâmbio entre os países de língua portuguesa, em várias áreas, pois, caso você não saiba, essa questão é antiga e já recebeu argumentos sólidos para os dois lados.

No início do século XIX, houve uma forte discussão entre a continuidade da língua portuguesa ou uma possível emancipação dela, criando a língua nacional. O Brasil havia se tornado independente recentemente e logo surgiu uma necessidade de definir a identidade brasileira, sua história, suas tradições, suas origens etc. em busca da consolidação de uma cultura nacional.

Nesse cenário, escritores romancistas, como José de Alencar e Gonçalves Dias, faziam parte de um movimento em defesa de uma língua "brasileira", com a liberdade de incorporar, na língua herdada de Portugal, as particularidades brasileiras e promover maior aproximação entre a língua literária e a língua falada.

Do outro lado, estavam gramáticos e eruditos, liderados por Rui Barbosa, membro fundador da Academia Brasileira de Letras, que defendiam a tese da preservação, asseverando a importância de que falássemos a mesma língua de Portugal.

Segundo Orlandi (2005, p. 29), nessa discussão, devemos tomar como medida "a língua que falamos em seu aspecto histórico, social e cultural", pois a "língua que se fala toca os sujeitos em sua autonomia, em sua identidade, em sua autodeterminação".

Faraco (2020) também descreve esse período dizendo que esse segundo grupo, denominado pelo autor como *grupo da vassalagem* para indicar que estava submetido ao domínio de Portugal, venceu na determinação do padrão de língua para o Brasil, e continuamos com a língua portuguesa.

Orlandi (2005, p. 30), entretanto, chama nossa atenção para marcadas distinções entre o PB e o PE, em seus sistemas simbólicos, e conclui, "eis a duplicidade, a heterogeneidade, a polissemia no próprio exercício da língua: o português e o brasileiro não têm o mesmo sentido. São línguas materialmente diferentes".

Pudemos verificar vários exemplos de duplicidade, heterogeneidade e polissemia no capítulo anterior, quando analisamos as diferenças entre o português de Portugal e o português do Brasil. Com base nesse panorama, encontramos certo sentido na tese a favor de uma língua brasileira, pois temos nossos próprios falares, formados por meio de aspectos próprios de nossa história, de nossa formação social, de nossa cultura. E é desses falares que vamos tratar a seguir.

Vamos iniciar com a diversidade sonora do português brasileiro.

quatropontodois
Variação fonético-fonológica

Inicialmente, retomemos algumas questões teóricas para termos mais subsídios à nossa visão e à análise das diferenças sonoras entre as variedades brasileiras.

No Capítulo 3, mencionamos as disciplinas que compõem a gramática das línguas, com uma definição sintética sobre cada uma e, em seguida, sobre a integração entre elas, pela praticidade de seu enfoque. Podemos dizer que cada uma faz uma abordagem da língua por meio de certo ângulo, de certo ponto de vista. Portanto, ao combinar duas disciplinas, ampliamos o ângulo e definimos uma maior amplitude na investigação. Vejamos o porquê disso.

4.2.1 Fonética e fonologia

Em nossa apreciação das questões sonoras da língua, usamos o enfoque fonético-fonológico porque, para fazermos um estudo dos sons da fala, precisamos dos conhecimentos dessas duas áreas da linguística, uma vez que as duas estudam os sons, cada uma sob certa perspectiva.

A fonologia trata do sistema sonoro da língua, mais especificamente das unidades abstratas que formam as palavras, possibilitando a distinção entre uma palavra e outra. Por exemplo, a palavra *mar* é diferente da palavra *mal* porque as consoantes, no final de cada palavra, são diferentes.

A fonética, por sua vez, trata da concretização desse sistema, seja pela produção do som pelo falante, seja pela percepção do som pelo ouvinte. Contrário à diferenciação das palavras por seus significados diferentes feita pela fonologia, na fonética, podemos exemplificar com as diversas possibilidades de pronunciar a palavra *mar*, no Brasil, sem alterar seu significado.

Se você é do Rio Grande do Sul, provavelmente, vai pronunciar o /r/ final com um tepe, ou seja, o mesmo /r/ da palavra *para*, [maɾ]; se for do interior de São Paulo ou do Paraná, deve fazer aquele chamado *r caipira* ou /r/ retroflexo e vai dizer [maɹ]; se for carioca, vai produzir o /r/ como uma fricativa velar [max], além de outras possibilidades.

Essa divisão entre os estudos de fonética e de fonologia foi definida por um grupo de linguistas do Círculo Linguístico de Praga, criado em 1926. Um desses linguistas, Trubetskoy (1981), afirmava que a fonética estuda o que, de fato, se pronuncia e que a fonologia estuda o que se crê pronunciar.

Assim, quando o falante gaúcho, o paranaense e o carioca estão falando a palavra *mar*, eles creem estar pronunciando a mesma palavra e, realmente, na questão do significado (que é a preocupação da fonologia), estão. Mas, na questão fonética, estão produzindo consoantes diferentes no final da sílaba.

4.2.2 Sistema fonológico do português brasileiro

Voltemos agora nossa atenção ao sistema fonológico do português brasileiro, as vogais e as consoantes, para que, logo, possamos tratar das variações com melhor visualização. Primeiramente, observemos as vogais orais do português. Como comentamos no capítulo anterior, o português brasileiro tem um sistema de sete vogais em posição tônica. Vejamos o quadro:

QUADRO 4.1 – AS VOGAIS TÔNICAS DO PORTUGUÊS

	Anterior		Central		Posterior	
	Arred.	Não arred.	Arred.	Não arred.	Arred.	Não arred.
Alta		i			u	
Média-alta		e			o	
Média-baixa		ɛ			ɔ	
Baixa				a		

FONTE: Elaborado com base em Cristófaro-Silva, 2003.

Essa classificação das vogais se refere ao movimento vertical da língua (alta, média ou baixa), ao movimento horizontal da língua (anterior, central ou posterior) e ao arredondamento dos lábios (arredondado ou não arredondado).

Quanto às consoantes, o sistema tem 19 sons, descritos no Quadro 4.2. Optamos por não incluir uma explicação técnica dos termos que indicam os movimentos articulatórios para a produção dos sons, pois esse conteúdo é tratado em disciplinas de Fonética e de Fonologia nos cursos de letras. Este livro não se propõe a cobrir esse conteúdo, mas adicionamos uma nota de rodapé indicando o estudo de uma obra específica de fonética e fonologia para quem não tem conhecimento dos termos.

Quadro 4.2 – As consoantes do português

	Labial	Dental/alveolar	Pós-alveolar/palatal	Velar	Glotal
Oclusiva	p b	t d		k g	
Fricativa	f v	s z	ʃ ʒ		h*
Nasal	m	n	ɲ		
Lateral		l̪	ʎ		
Tepe		ɾ			

*Essa é uma possível variação dialetal. Para o chamado /r/ forte (em palavras como rato e carro), existem outras variantes possíveis.

FONTE: Elaborado com base no IPA, 2022.*

Como é possível observar, nos espaços das oclusivas e fricativas, os símbolos aparecem em pares, por exemplo p-b e f-v. Esses pares representam consoantes homorgânicas, isto é, pares de consoantes que são pronunciadas com o mesmo modo de articulação, oclusiva ou fricativa, e o mesmo ponto de articulação, labial. As duas consoantes de cada par se diferenciam entre si apenas pela vibração ou não das pregas vocais. As consoantes à esquerda, ou seja /p, t, k, f, s, ʃ /, são não vozeadas ou surdas, pois são produzidas sem a vibração das pregas. As que estão à

---

* Os símbolos apresentados estão de acordo com o alfabeto fonético internacional, o *International Phonetic Alphabet* (IPA, 2022). Caso deseje obter explicações sobre os movimentos articulatórios de produção das vogais e consoantes, recomendamos, também, o estudo da obra de Engelbert, 2012.

direita, /b, d, g, v, z, ʒ/, são vozeadas ou sonoras, produzidas com vibração das pregas.

Agora, com a visualização do sistema sonoro, isto é, as vogais e consoantes que formam as palavras da língua portuguesa, vamos nos ocupar de algumas das principais variações entre as variedades do português brasileiro.

4.2.3 Algumas características especiais das vogais

O sistema vocálico pode apresentar algumas características especiais, algumas obrigatórias, como as vogais nasais, e outras, opcionais, para o falante, como os processos de alçamento, monotongação e ditongação. Vejamos essas características a seguir.

a) Vogais nasais

As vogais /i/, /u/, /e/, /o/ e /a/ podem, também, ressoar pelo nariz, ou seja, pela cavidade nasal. Nesse caso, são chamadas *vogais nasais*. São elas [ĩ], [ũ], [ẽ], [õ] e [ã], pronunciadas, por exemplo, em: lindo, mundo, sendo, conto/põe, canto/mãe.

b) Alçamento da vogal átona

As vogais médias fechadas /e/ e /o/ são geralmente pronunciadas [ɪ] e [ʊ] em sílabas átonas, pretônicas ou postônicas, como em menino, come, moleque, mato – processo chamado de *alçamento pela elevação da língua* para a pronúncia de [ɪ] e [ʊ]. Faça um exercício de mudar a pronúncia de [e] para [ɪ] e de [o] para [ʊ]. Sinta como a língua se desloca para cima. Pronunciar [mɪˈninʊ] para menino é bastante generalizada no Brasil, mas, em muitas cidades do Nordeste, as pretônicas /e/ e /o/ são pronunciadas como vogais abertas [ɛ–ɔ], como m[ɛ]nino e c[ɔ]ração.

c) Monotongação

Outro processo que acontece no nível vocálico é a monotongação, que, segundo Cristófaro-Silva (2011, p. 153), "é o fenômeno em que um ditongo passa a ser produzido como uma única vogal. A monotongação ocorre no português, com ditongos decrescentes [...] ou com ditongos crescentes". A autora cita os seguintes exemplos (Cristófaro-Silva, 2011, p. 153):

- Ditongos decrescentes: f[eɪ]ra > f[e]ra, b[aɪ]xa > b[a]xa, l[oʊ]co > l[o]co.
- Ditongo crescentes: qu[ɪɛ]to > qu[ɛ]to, alíq[ʊo]ta > alíq[o]ta.

Aragão (2012) afirma que esse fenômeno ocorre em diferentes regiões do país e que acontece em determinados contextos posteriores, isto é, a monotongação é influenciada pela consoante que segue o ditongo:

- [ɾ]–loura, prateleira, tesoura
- [ʃ]–baixa, caixa, faixa
- [ʒ]–feijão, queijo, beijo
- [g]–manteiga

d) Ditongação

Assim como existe o fenômeno da monotongação, citado anteriormente, também encontramos, no Brasil, o fenômeno da ditongação, que acontece em palavras como: paz > pa[ɪ]z; nós > nó[ɪ]s, três > trê[ɪ]s.

E o que você poderia dizer de cada uma dessas variações? Elas estão presentes em sua fala? Ou na fala de pessoas em seu entorno?

Analisaremos a seguir as consoantes.

4.2.4 Variações mais comuns que ocorrem no nível consonantal

Também as consoantes sofrem variações, tanto de posicionamento na palavra, chamada *variação contextual* ou *posicional*, como referentes ao dialeto do falante, chamada de *variação dialetal*. Elas podem acontecer em qualquer posicionamento silábico, mas são mais comuns no português em posição de coda, ou seja, em final de sílaba. Vejamos as principais variações das consoantes no português brasileiro.

a) Palatalização de consoantes oclusivas alveolares

Esse fenômeno se refere àquele chiado que a maioria dos brasileiros produz quando pronuncia o /t/ e o /d/ em palavras como *tia* e *dia*. O /t/ e o /d/ são consoantes oclusivas, mas, quando diante de /i/, são pronunciados como uma consoante africada – [tʃ] e [dʒ]. Esse processo é bastante generalizado no território nacional, mas existem alguns pontos do país – em Santa Catarina, no Estado de São Paulo e em estados do Nordeste – em que os falantes produzem a oclusiva em todos os contextos, isto é, com as sete vogais – [ta], [te], [tɛ], [ti], [to], [tɔ] e [tu]/[da], [de], [dɛ], [di], [do], [dɔ] e [du] –, enquanto, na maioria das localidades brasileiras, pronunciam-se [ta], [te], [tɛ], [tʃi], [to], [tɔ] e [tu]/[da], [de], [dɛ], [dʒi], [do], [dɔ] e [du], com o /t/ e /d/ chiados antes de /i/ e suas variantes.

Você consegue perceber nesse processo a diferença entre fonética e fonologia? Atente que a diferença de pronúncia entre as variedades chiantes ou não chiantes para a consoante oclusiva alveolar – /t/ e/d/ – no português brasileiro está apenas no nível fonético, não haverá mudança no significado das palavras *tia/dia* se as pronunciamos com ou sem o chiado. As pessoas da variedade chiante, em geral, nem percebem que estão produzindo uma consoante diferente de /t – d/.

Podemos comprovar que são duas consoantes diferentes analisando os sistemas sonoros de línguas como o inglês ou o espanhol, que têm tanto a oclusiva /t – d/ quanto a africada /tʃ– dʒ/. Como a africada existe no sistema, isto é, na fonologia da língua, se pronunciarem ['tiko] ou [tʃikɔ] no espanhol e ['tɪp] ou [tʃɪp] no inglês, estarão falando palavras de significados diferentes – tico/chico e tip/chip, respectivamente.

b) O /r/ em final de sílaba

Os pesquisadores Ataliba Teixeira de Castilho e José da Silva Simões, ao discorrer sobre uma das variantes da pronúncia do /r/ em coda, ou seja, no final de sílaba – o /r/ retroflexo, o chamado *r caipira* – explicam que essa variante é pronunciada principalmente no interior de São Paulo e do Paraná (As marcas…, 2015).

Segundo Cristófaro-Silva (2003), outras variantes para a pronúncia do /r/ em coda, além do retroflexo [ɻ], são:

- [h-ɦ] fricativa glotal – pronúncia típica do dialeto de Belo Horizonte;
- [x-ɣ] fricativa velar – pronúncia típica do dialeto carioca;
- [ɾ] tepe alveolar – em alguns dialetos;
- [r̃] vibrante alveolar – pronúncia típica do português europeu, ocorre em alguns dialetos do português brasileiro*.

Como já mencionamos no Quadro 4.2, algumas consoantes vêm em pares porque há uma possibilidade de produzir aquela consoante com ou sem vibração das pregas vocais, que pode ou não ser distintivo. Vamos explicar como isso funciona.

Veja que temos os pares: as oclusivas /p – b/, /t – d/, /k – g/; as fricativas /f – v/; /s – z/ e /ʃ – ʒ/ no sistema; e as africadas [tʃ – dʒ] como variantes de /t – d/.

A fricativa glotal e a fricativa velar, que são variantes de /r/ também vêm em pares [h-ɦ] em Belo Horizonte e [x-ɣ] no Rio de Janeiro. A pronúncia de um ou outro elemento do par vai depender da consoante que segue o /r/. Veja como ficam com as palavras *carta* e *carga*:

	carta	carga
Em Belo Horizonte:	[ˈkahtɐ]	[ˈkaɦgɐ]
No Rio de Janeiro:	[ˈkaxtɐ]	[ˈkaɣgɐ]

* Para uma melhor compreensão da articulação dessas variantes, recomendamos o *site* da Profª. Thaïs Cristófaro-Silva, no qual é possível visualizar uma figura do aparelho fonador, com os movimentos articulatórios de cada variante. Disponível em: <https://fonologia.org/fonetica-articulatoria-consoantes/>. Acesso em: 9 jun. 2022.

Como /t/ é uma consoante não vozeada, o /r/ antes dela vai ser também não vozeado [h] e [x]. E como a consoante /g/ é vozeada, a pronúncia do /r/ também vai ser com vozeamento [ɦ] e [ɣ].

As variantes [ɾ] e [ř], tepe e vibrante, respectivamente são sempre vozeadas.

c) O /s/ em final de sílaba

Outra consoante em coda que sofre variação no Brasil é o /s/, que pode ser produzido como uma fricativa alveolar [s] e [z], ou seja, o /s/ do artigo em *as casas* é pronunciado como o /s/ em *sapo*, mas, em *as mesmas*, é pronunciado como o /s/ de *asa*, que é pronunciado como [z].

A outra variante é a fricativa alvéolo-palatal ou palatal [ʃ] e [ʒ], característica da pronúncia do carioca e de alguns falantes do Nordeste. Assim, naqueles exemplos – *as casas* e *as mesmas* –, esses falantes vão produzir o /s/ chiado como o som do "ch" em *chuva* ou o "j" em *janela*.

Veja que, aqui, a regra do vozeamento também está ativa. O /s/ antes de uma consoante vozeada, como em *as balas*, tem a versão vozeada da fricativa alveolar – [z] ou da fricativa pós-alveolar [ʒ]. Se a consoante depois do /s/ é não vozeada, como em *as patas*, a pronúncia vai ser da fricativa alveolar ou pós-alveolar não vozeada – [s] ou [ʃ], dependendo da variedade dialetal.

d) O /l/ em final de sílaba

Outra consoante que sofre alteração em final de sílaba, em um processo já generalizado no português brasileiro, é o /l/. Acontece uma ditongação quando essa consoante aparece em coda. Palavras como *sal, sol* e *mel* são pronunciadas como [saʊ], [sɔʊ] e [mɛʊ].

Esse é um processo bastante generalizado no Brasil, mas é possível encontrar pessoas, principalmente no sul do Brasil e de idade mais avançada, que ainda pronunciam o /l/ no final da sílaba. Para comprovar essa diferença, sugiro a você ouvir a música *Aquarela do Brasil* com o cantor Francisco Alves, que fez sucesso na primeira metade do século XX e também com Gal Costa ou Tim Maia, que gravaram a canção nos anos 1980 e 1990, respectivamente. A diferença é bem perceptível. Gal e Tim pronunciam o /l/ final da palavra *Brasil* com som vocálico, ao passo que, na voz de Francisco Alves, o /l/ é bem saliente.

Você conseguiu fazer a ligação do que apresentamos aqui com sotaques de pessoas que conhece?

A seguir, abordaremos algumas variações na morfologia e na sintaxe, seguidas das variações lexicais e semântico-pragmáticas.

quatropontotrês
Variação morfossintática

Para tratar das variações morfossintáticas, citaremos, mais uma vez, a título de ilustração, as considerações do professor e linguista Ataliba Teixeira de Castilho no vídeo* *Quando se trata de português falado, não existe certo e errado* (2017), no qual ele cita exemplos práticos de dois fenômenos interessantes de mudança

---

* Os dados completos sobre o vídeo estão na lista final de referências.

em processo no português brasileiro: (1) o sistema pronominal com a concordância verbal e (2) o plural não redundante.

4.3.1 Sistema pronominal

Nosso sistema pronominal, assim como a conjugação dos verbos, está em processo de simplificação. Conforme explica o Prof. Ataliba, como vemos no Quadro 4.3, o pronome de tratamento *você* está substituindo o pronome de segunda pessoa *tu*, e a expressão *a gente* está substituindo o pronome de primeira pessoa do plural *nós*. As seis formas verbais, em consequência, estão sendo reduzidas a três ou duas, se considerarmos a simplificação também na terceira pessoa do plural, em vez de *eles falam*, a opção pelo plural não redundante, *eles fala*, no português popular do Brasil (Quando se trata..., 2017).

QUADRO 4.3 – AS MUDANÇAS NO USO DOS PRONOMES NO PORTUGUÊS BRASILEIRO

Pronomes	Conjugação
Eu	Falo
Você ~~Tu~~	~~Falas~~ Fala
Ele	Fala
A Gente ~~Nós~~	~~Falamos~~ Fala
~~Vós~~	~~Falais~~
Eis / Eles	~~Falam~~ Fala

FONTE: Elaborado com base em Quando se trata..., 2017.

Na maior parte do território nacional, o pronome de tratamento *você* está sendo usado no lugar do pronome pessoal tradicional *tu*, que aparece na pauta pronominal, no conhecido eu/tu/ele/nós/vós/eles. O pronome *tu* ainda é usado bastante no Rio Grande do Sul, por exemplo, no entanto muitos falantes preferem usar o verbo na terceira pessoa do singular na língua falada, em construções como *tu fala*. No Paraná, também encontramos o uso do pronome *tu*, mas em situações específicas e em conjunto com o uso do pronome *você*.

Em um trabalho sobre o uso dessas duas formas pronominais no Paraná, Loregian-Penkal (2015) encontrou, em seus dados, algumas ocorrências do pronome *tu*, conforme listamos no Quadro 4.4.

QUADRO 4.4 – USOS DE TU/VOCÊ NO PARANÁ, POR INFORMANTE

Cidade	Tu	Você	Total
Curitiba	-	24	24
Irati	2	24	24
Londrina	3	24	24
Pato Branco	6	24	24
Total	11	96	96

FONTE: Elaborado com base em Loregian-Penkal, 2015.

A autora afirma que "de um total de 96 informantes analisados, todos utilizaram o pronome você em suas falas, sendo que 85 deles utilizaram somente o pronome você nas entrevistas" (Loregian-Penkal, 2015, p. 106). Os outros 11 usaram também o pronome *tu*.

Qual é sua percepção dessa variação? Você usa o pronome *você* ou o pronome *tu*? Se usa *tu*, faz a concordância com o verbo como em *tu vais*? Ou você diz *tu vai*?

É importante ter em mente que não existe "erro" em qualquer das variedades, mesmo se usarmos *tu vai*, que não está de acordo com a norma culta. Estamos falando, aqui, do português falado, em que todas as variantes são legítimas.

4.3.2 Plural não redundante

Outro processo em mudança no sistema morfossintático do português brasileiro, também abordado por Castilho no vídeo, é o plural não redundante. Os exemplos dados são:

- Os cachorro late.
- As mina pira.
- As menina alta.

De acordo com o padrão culto, devemos colocar o morfema -s em todas as palavras do sintagma nominal – As meninas altas. Na língua falada, porém, é comum o apagamento do -s no adjetivo, – As meninas alta – e, até mesmo, no substantivo, havendo retenção do plural apenas no artigo – As menina alta. Embora essa seja uma forma ainda estigmatizada, ela é muito usada na fala não monitorada por falantes de todas as regiões e classes sociais no Brasil (Quando se trata..., 2017). Os linguistas defendem que essa é uma variedade legítima dentro do sistema linguístico. Veja que, na língua inglesa, apenas o substantivo recebe a marca de plural dentro do sintagma em construções como *the tall girls*.

Vimos, até agora, a variação nos níveis fonético-fonológicos e morfossintáticos da língua, mas, no léxico, as diferenças entre as diversas regiões do Brasil podem ser ainda mais marcadas.

quatropontoquatro
Riqueza do léxico: variação lexical e semântico-pragmática

É muito frequente, em um grupo de pessoas oriundas de lugares diferentes, desenvolvermos uma conversa sobre as diferenças nas palavras usadas. Ou, ainda, quando, em uma região diferente, uma pessoa pode surpreender-se com alguma palavra que não entende.

4.4.1 Variação lexical

A sociolinguística variacionista foi introduzida nos estudos linguísticos por Labov (2008), que postula uma forte relação entre língua e sociedade. A língua, considerada com base no uso, é heterogênea e estabelece relação entre variação e mudança. Essa heterogeneidade é definida por fatores não apenas linguísticos, mas também extralinguísticos. Com base nessa visão, o léxico de uma língua se forma por fatores socio-históricos, contatos entre línguas e demandas sociais de novos termos; e a variação é determinada por questões geográficas, nível de escolaridade, idade, classe social etc. Essas variações registram as marcas das diversas comunidades e seus dialetos.

Uma marca registrada do curitibano, por exemplo, que costuma surpreender visitantes, é o uso de palavras como *vina* (salsicha) ou *penal* (estojo). No Brasil, existem palavras comuns com muitas variações como menino/moleque/guri/piá; semáforo/farol/sinaleira/luminoso.

Fomos buscar exemplos de algumas variações lexicais no *Atlas Linguístico do Brasil* (Alib, 2022). Não é apenas no nível lexical que podemos encontrar dados de variação no Alib. Também as variações mencionadas lá se encontram detalhadas.

> *O objetivo maior [do Projeto ALiB] é a produção de um atlas linguístico do Brasil no tocante à língua portuguesa. Um atlas que vai oferecer a descrição da realidade linguística do Brasil fundamentada na pesquisa in loco, na recolha de dados orais coletados de forma sistemática e seguindo uma metodologia única. São dados da realidade diatópica, permitindo uma descrição geográfica e o traçado de linhas divisórias ou aproximativas de áreas que fornecerão, sem dúvida, o mapeamento de regiões dialetais do português brasileiro. (Cardoso, 2012, p. 26)*

Aguilera, Altino, Isquerdo (2009) desenvolveram um rico trabalho no projeto Alib sobre a diversidade lexical brasileira. Entre eles, encontramos um estudo geolinguístico de Santos e Isquerdo (2009) a respeito da designação para papagaio de papel usadas nos diversos estados brasileiros, como as palavras *papagaio, pipa, pepeta, raviola, arraia/raia, pandorga/pandoga*. No mesmo projeto, há outro estudo sobre as variantes para a palavra *gangorra* em capitais das regiões Norte, Centro-Oeste, Sul e Sudeste do Brasil, em que as autoras listam: *balanço, equilibrista, bate-bunda, joão-galamarte, borrica, jambalão, trambolim* (Barbeiro; Isquerdo, 2009).

Você conhece todas essas palavras? Qual, ou quais, dessas palavras você usa para nomear esses brinquedos?

Freitas e Isquerdo (2009) também pesquisaram a variedade lexical para *cachaça*, patrimônio histórico e cultural do país. Apenas na região central do Brasil, encontramos: *pinga, branquinha, aguardente, pingo d'água, álcool, aperitivo, uísque, pinga do engenho, pinga caipira, bagaceira, marvada, restilo, rabo de galo*.

Outro estudo sobre variedade lexical que merece ser citado é o de Aguilera (2015) a respeito do léxico paranaense. A autora afirma que o léxico paranaense está em luta em suas versões rural e urbana, mas que o processo de urbanização já há algum tempo anuncia a vitória da segunda. Alguns termos do léxico urbano são: *apinchar/pinchar* (atirar algo), *apurado* (necessidade), *atorar* (cortar fora), *batata-salsa* (batata baroa, mandioca salsa), *devarde* (debalde, à toa), *viúva* (terçol).

São bastante notáveis as diferenças no sotaque e no léxico nas diversas regiões brasileiras, como é possível identificar pelos poucos exemplos citados.

O próximo tópico tratará da variação relacionada, especialmente, com o sentido e com o uso. Esse aspecto não é necessariamente ligado a regiões, pois algumas expressões podem espalhar-se pelo Brasil, talvez, em razão dos meios de comunicação, principalmente, pelo acesso mais amplo à internet e às redes sociais digitais.

4.4.2 Uso de expressões: as questões semântico-pragmáticas

As expressões da língua falada que estudaremos nesta seção abarcam as questões já estudadas, pois têm a ver com o léxico, com as estruturas morfossintáticas, com o nível sonoro, mas, principalmente, com o sentido e com o uso, por isso as classificamos como *questões semântico-pragmáticas*.

O Professor Ataliba Teixeira de Castilho chama nossa atenção sobre as seguintes expressões com a forma reduzida do verbo *estar* na terceira pessoa do singular – *tá legal; tá bom; tá ruim; tá falando; tá falado; então tá; tá bom?* (Quando se trata..., 2017).

Como explica o professor, em vez de considerar erradas essas formas, os estudiosos devem buscar compreendê-las. O linguista defende a abordagem multissistêmica da língua e afirma que tudo vem da conversação, teorizando sobre a língua falada e a gramática da língua natural.

Castilho (2009), em um artigo que analisa expressões como as citadas anteriormente, sustenta que a língua, como produto, é um conjunto de categorias agrupadas ao mesmo tempo em quatro sistemas: (1) o léxico, (2) o discurso, (3) a semântica e (4) a gramática.

Podemos pensar em outras expressões da língua falada repetidas por brasileiros em todos os cantos, também comentadas por Castilho, com o verbo *dar*, que vão muito além do significado desse verbo. Pense nas seguintes expressões: *deu ruim, deu no pé, assim não dá, deu pra ti, já deu!*

Você utiliza todas essas expressões? Em quais contextos? Você acha que elas são utilizadas em todo o território?

Certamente, a resposta à terceira pergunta deve ter sido não para a penúltima expressão, visto que a expressão *deu pra ti* é popularmente usada no Rio Grande do Sul e, mesmo tendo sido popularizada em 1981, em uma música da dupla gaúcha Kleiton e Kledir, é possível que a maioria das pessoas não conheça seu significado: estar cansado/estar cheio.

Também usadas em situações bem específicas e muito ligadas às comunidades de fala, estão as interjeições. Entre as várias que existem no Brasil, podemos citar: *Oxente!, Oxe!, Bah!, Visse!, Caraca!, Ôrra, meu!, Uai!* e *Eita!*

Você conhece todas essas expressões? Você usa alguma delas? Quem as usa? Em que situações elas se encaixam?

Como podemos observar, são expressões regionalmente marcadas. Quando você escuta a expressão *oxente*, provavelmente vai se lembrar de um nordestino; se alguém usa a expressão *bah*, você deve imaginar um gaúcho; um *uai* vai lembrar um mineiro; um *ôrra, meu* vai lembrar um jovem paulistano, e assim por diante. Como vimos no início da seção, as variações podem ser definidas pela relação da língua com a sociedade. Assim, essas expressões, certamente, têm suas histórias que refletem as comunidades que as utilizam.

Como podemos concluir com base em tantos exemplos, a língua portuguesa é extremamente rica, com muita diversidade em todas as dimensões. Nesse contexto, as variedades são um tema muito discutido e bastante polêmico na área da linguística e do ensino de línguas, por essa razão, abordaremos, a seguir, o conceito de norma linguística.

quatropontocinco
A questão da norma e o preconceito linguístico

Alguns dos termos mais comuns que têm concorrido por espaço nas discussões sobre norma são: norma culta, norma-padrão e gramática normativa. Faraco (2020), ao abordar de modo excelente esses diversos termos, "desatando alguns nós", conceitua *norma* da seguinte forma:

> norma é o termo que usamos, nos estudos linguísticos, para designar fatos da língua usuais, comuns, correntes numa determinada comunidade de fala. Em outras palavras, norma designa o conjunto de fatos linguísticos que caracterizam o modo como normalmente falam as pessoas de uma certa comunidade, incluindo [...] os fenômenos da variação. (Faraco, 2020, p. 40)

A norma, então, distingue as diferentes comunidades pelo uso de formas específicas de língua. Outro apontamento importante de Faraco é que "não existe uma norma 'pura': as normas absorvem características umas das outras – elas são, portanto, sempre hibridizadas" (Faraco, 2020, p. 40).

Sendo assim, podemos dizer que há várias normas para o português brasileiro, e uma dessas normas é a norma culta.

4.5.1 Norma culta

Para conceituar norma culta, Faraco faz uma crítica aos cortes dicotômicos português culto/português popular, português formal/português informal, ou identificações simplistas como português formal – língua escrita, português informal – língua falada. Faraco define a norma culta com base no modelo que distribui as variedades de língua em três níveis: (1) o *continuum* rural-urbano, (2) o *continuum* de oralidade-letramento e (3) o *continuum* da monitoração estilística (Bortoni-Ricardo, citada por Faraco, 2020). Sendo assim, *norma culta* é

> a variedade de uso corrente entre falantes urbanos com escolaridade superior completa, em situações monitoradas. Ou seja, a norma culta seria [...] a variedade que está na intersecção dos três continua* em seus pontos mais próximos do urbano, do letramento e dos estilos mais monitorados. (Faraco, 2020, p. 47)

---

* *Continua* é o plural de *continuum*, isto é, os três modelos de Bortoni-Ricardo.

Ainda com relação à norma culta, Faraco (2020, p. 54) chama atenção sobre o "emaranhado de pressupostos e atitudes" das pessoas em relação ao termo *culta* como um qualificativo, ao se referir àqueles falares que obedecem a outras normas como pessoas que "não sabem falar", "falam errado", "são incultos", "são ignorantes" etc (Faraco, 2020, p. 54).

Para Faraco (2020), não há grupo humano sem cultura, e a norma culta é a norma linguística usada em determinadas situações por grupos sociais mais diretamente ligados à língua escrita. Certamente, esse uso ligado a práticas da cultura escrita se torna alvo de valoração positiva e prestígio social.

Ressaltamos, neste momento, que o conceito de norma culta, uma das normas que circulam no território nacional, é diferente de norma-padrão, a escolhida com base na uniformização.

4.5.2 Norma-padrão

Como vimos até aqui, não há como definir linguisticamente a língua portuguesa como um construto homogêneo. O nome *português* recobre uma realidade que é plural, ou seja, um conjunto de inúmeras variedades reconhecidas histórica, política e culturalmente por seus falantes como manifestação de uma mesma língua. Isso acontece com todas as línguas, por isso se reconhece a necessidade de um padrão, que se estabelece por meio de esforços socioculturais e políticos. Como há muitas normas nas sociedades para determinadas práticas, as sociedades constroem, historicamente, um padrão.

A norma-padrão é, então, uma norma estipulada, esperada, para determinadas práticas discursivas, em especial em práticas monitoradas da língua escrita. Segundo Faraco (2020, p. 73), "a norma-padrão é uma codificação relativamente abstrata, uma baliza extraída do uso real para servir de referência, em sociedades marcadas por acentuada dialetação, a projetos de uniformização linguística".

Historicamente, esse registro tem sido privilegiado, e sua escolha, conforme apontado na seção 4.1 por Orlandi (2005), foi definida de maneira conservadora, seguindo o legado dos portugueses. Faraco (2020) reconhece que a profunda diversificação de um mapa linguístico como o do Brasil clama por um projeto padronizador, mas critica a escolha do padrão pelo anacronismo e pela artificialidade que nunca conseguiram alterar a face linguística de nosso país, como uma norma que nunca conseguiu se estabelecer de fato.

Com esse conflito que nos acompanha há mais de um século, ou seja, um padrão que não conseguiu se estabelecer, conforme vimos, por exemplo, na variação de sistema pronominal e de conjugação verbal, vivemos em uma sociedade tomada pelo preconceito linguístico. É com esse conceito que terminaremos este capítulo.

4.5.3 Preconceito linguístico

Quando alguém faz um juízo de valor negativo e deprecia ou menospreza uma pessoa por sua forma de falar, está manifestando o preconceito linguístico. Esse tipo de comportamento nocivo e incoerente em um país de tanta diversidade linguística alimenta ainda mais a ideia de que apenas a norma-padrão, ou a norma culta, está correta.

A escola é o ambiente adequado para esclarecer e formar uma cultura em relação às variedades linguísticas e seus espaços de uso. Muitas vezes, entretanto, é a própria escola que induz ao preconceito linguístico. Segundo Marcos Bagno (2007, p. 15), "a escola tenta impor sua norma linguística como se ela fosse, de fato, a língua comum a todos os 160 milhões de brasileiros, independentemente de sua idade, de sua origem geográfica, de sua situação socioeconômica, de seu grau de escolarização etc.".

A língua escrita e a gramática tradicional terminam sendo a referência imposta para todas as situações de uso da língua, formais ou informais, faladas ou escritas. Será realista essa exigência? Essa padronização forçada? Qual é o problema, por exemplo, quando um trabalhador diz a um companheiro da equipe de trabalho: *vamo pará pa almoçá*? Será que devemos considerar essa frase um erro? Será que o discurso, nesse contexto informal da língua falada, deveria ser pautado pela gramática oficial da língua? Nesse caso, a pessoa deveria, necessariamente, dizer: *Vamos parar para almoçar?*

Segundo Bagno (2007), nosso conceito de erro está mal utilizado. O autor afirma que não há erro no uso língua materna, uma vez que "todo falante nativo de uma língua é um falante plenamente competente dessa língua, capaz de discernir intuitivamente a gramaticalidade ou agramaticalidade de um enunciado" (Bagno, 2007, p. 124).

O que há é adequação a cada contexto. Portanto, nesse contexto informal da língua falada, não há erro em dizer *vamo pará pra almoçá*, pois a língua cumpre sua função comunicacional perfeitamente: o plural está indicado, os tempos verbais estão claros, e o ouvinte não terá nenhuma dificuldade no entendimento, nem surpresa ao escutar o enunciado, que é socialmente aceito.

O estudo das normas e do preconceito linguístico nos abrem, pois, para um entendimento mais profundo dos usos da língua e de nossos padrões de certo e errado.

O Prof. Ataliba Castilho, no vídeo que mencionamos anteriormente (Quando se trata..., 2017), aborda o problema que uma criança enfrenta quando entra na escola e descobre que a forma como sua comunidade fala está toda "errada", pois a maneira como sua família e conhecidos falam difere da norma gramatical tomada como referência na escola. Essa imposição de apenas uma norma pode produzir complexos e preconceitos nas crianças. Essa é a realidade de muitas escolas em nosso país. E as normas linguísticas de diversos grupos sociais sofrem preconceito linguístico, como, por exemplo, as provenientes de setores rurais, de grupos de menor condição socioeconômica, de menor escolaridade, de certas regiões do país etc.

É necessário que a escola e as instituições encarregadas da educação e da cultura reconheçam a diversidade linguística do país, que abarca muitas normas além da norma culta e da norma padrão, que são, igualmente, válidas e que não podem ser consideradas erradas, já que cumprem com seu objetivo comunicacional e são amplamente aceitas em seus contextos sociais.

Bagno (2007) explica que o importante é saber adequar a linguagem ao contexto da fala. Não caberia, por exemplo, usar gírias ou palavrões em um congresso científico. Nem caberia, por outro lado, usar termos técnicos e científicos em uma explicação a um lavrador analfabeto.

Assim, cada variedade linguística tem sua situação de uso, e o discernimento dessa realidade conduz à valorização de todos os falares, ao respeito a todas as comunidades e à desmarginalização das variedades não padrão.

Esse é um dos importantes papéis da escola. Para Bagno (2007, p. 115), "cada um de nós, professor ou não, precisa elevar o grau da própria autoestima linguística: recusar com veemência os velhos argumentos que visem menosprezar o saber linguístico individual de cada um de nós".

No próximo capítulo passaremos aos aspectos comportamentais, de identidade do brasileiro, que, de alguma forma, marcam sua cultura e sua língua.

Síntese

Neste capítulo, abordamos algumas variações do português brasileiro que ocorrem nas diferentes regiões do território nacional. O português brasileiro é tão rico e próprio em seus significados e representações que poderia, muito bem, ser postulado como língua brasileira em vez de língua portuguesa.

Tratamos das variações fonético-fonológicas, com as mudanças nos sons, nas vogais e nas consoantes, como o /r/ e o /s/ nos finais de sílabas.

Em seguida, examinamos variações morfossintáticas como a mudança de pronomes e a concordância verbal e o plural não redundante; por exemplo: a substituição do pronome *nós* pela expressão *a gente* e construções como *as menina fala*.

Na sequência, citamos estudos sobre a variação lexical nas diferentes formas de se nomear um mesmo objeto, como *papagaio* e *pandorga*, e a variação semântico-pragmática na diferença de expressões, como nas expressões *deu ruim* e *assim não dá*.

Conforme a definição de Faraco (2020), a norma se refere a um conjunto de aspectos linguísticos próprios de certas comunidades e contextos sociais. Por sua vez, a norma culta se refere à língua dos falantes urbanos, com escolaridade superior em situações monitoradas, e a norma-padrão é estipulada como tentativa de padronização, mas sua escolha por uma forma antiga e tradicional, segundo Faraco (2020), é anacrônica e artificial, por isso nunca conseguiu se estabelecer de fato.

Por fim, tratamos do preconceito linguístico que ocorre quando se toma algum padrão ou norma como correto e se classificam as demais como erradas, supervalorizando ou depreciando as pessoas pela forma como falam.

Atividades de autoavaliação

1. Analise as afirmativas a seguir sobre as línguas no Brasil e marque V para as verdadeiras e F para as falsas.
   ( ) O português é a única língua oficial no Brasil.
   ( ) Além do português, a Libras (língua brasileira de sinais) também é considerada língua oficial do Brasil. E algumas línguas

indígenas já foram reconhecidas como oficiais no país em âmbito municipal.

( ) Há aproximadamente 180 línguas indígenas faladas no território nacional, o que indica que o Brasil é um país multilíngue.

( ) Já houve a proposta de tornar o português brasileiro um idioma nacional e separá-lo da língua portuguesa, de Portugal. Mas a proposta vencedora foi a de conservar o vínculo com a língua portuguesa.

( ) Não existem argumentos sólidos para propor a independência do português brasileiro, uma vez que suas diferenças da língua portuguesa são mínimas.

Agora, assinale a alternativa que apresenta a sequência correta:

a. V, V, V, V, F.
b. F, V, V, V, F.
c. F, V, F, V, F.
d. F, V, V, F, F.
e. F, V, V, V, V.

2. Analise as afirmativas a seguir sobre a fonética e a fonologia do português brasileiro e marque V para as verdadeiras e F para as falsas.

( ) O sistema fonológico do português brasileiro está formado por sete vogais em posição tônica e dezenove consoantes.

( ) Existem também, no português brasileiro, cinco vogais nasais.

( ) As vogais médias fechadas /e/ e /o/ são geralmente pronunciadas [ɪ] e [ʊ] em sílabas átonas, pretônicas ou postônicas, como nas palavras *menino* ("mininu"), *moleque* ("mulequi") e *come* ("cómi").
( ) Quando alguém pronúncia a palavra *feira* como "fêra", houve um processo de ditongação.
( ) Quando alguém pronúncia a palavra *sal* como "sau", houve um processo de ditongação.

Agora, assinale a alternativa que apresenta a sequência correta:
a. V, V, V, F, V.
b. V, V, V, F, F.
c. V, V, F, F, V.
d. F, V, V, F, V.
e. V, F, V, F, V.

3. Analise as afirmativas a seguir sobre as variações morfossintáticas do português brasileiro e marque V para as verdadeiras e F para as falsas.
( ) Um processo de mudança acontece no uso dos pronomes e nas conjugações verbais. No lugar da construção *tu falas*, usa-se *você fala* ou mesmo *tu fala*.
( ) Na segunda pessoa do plural, não há processo de mudança, uma vez que a construção vós falais, por exemplo, é usada em várias regiões, tanto na língua falada quanto na escrita.
( ) Um processo de mudança que acontece no português brasileiro, está na primeira pessoa do plural, com a substituição do pronome *nós* pela expressão *a gente*.

( ) Um processo em mudança no sistema morfossintático do português brasileiro é a adoção do plural não redundante, em construções como *os cachorro late*.

( ) Os linguistas consideram o plural não redundante como um erro grave, que deve ser corrigido, pois é uma variação que não ocorre em nenhum outro idioma.

Agora, assinale a alternativa que apresenta a sequência correta:

a. V, F, V, V, F.
b. F, F, V, V, F.
c. V, V, V, V, F.
d. V, F, V, V, V.
e. V, F, F, V, V.

4. Analise as afirmativas a seguir sobre as variações lexicais do português brasileiro.

I. A variação lexical é bastante reduzida no português brasileiro uma vez que o vocabulário é praticamente o mesmo em todo o país.

II. A variação lexical no Brasil é bastante acentuada, em razão extensão territorial e da diversidade cultural e linguística do país.

III. As seguintes palavras correspondem à variação lexical da palavra *papagaio* (brinquedo de empinar no ar com varetas): pipa, pepeta, raviola, arraia/raia, pandorga/pandoga.

IV. A palavra *penal*, em Curitiba, significa "estojo" (para guardar canetas e lápis).

V. São variantes para a palavra *cachaça*, na região central do Brasil: bagaceira, marvada, rabo de galo.

Assinale a alternativa correta:
a. Apenas as afirmativas I, II e V são verdadeiras.
b. Apenas as afirmativas II, III, IV e V são verdadeiras.
c. Apenas as afirmativas I, II, III e V são verdadeiras.
d. Apenas as afirmativas I, IV e V são verdadeiras.
e. Apenas as afirmativas II, III e V são verdadeiras.

5. Analise as afirmativas a seguir sobre a norma e o preconceito linguístico no Brasil e marque V para as verdadeiras e F para as falsas.

( ) A norma-padrão é uma norma estipulada, esperada para determinadas práticas discursivas, para servir de referência, em sociedades marcadas por acentuada dialetação.

( ) A norma-culta é um padrão de referência esperado para certas práticas discursivas, em especial, em situações monitoradas, de pessoas letradas, utilizando a língua escrita.

( ) A norma-padrão foi estabelecida no Brasil com a intenção de refletir a realidade e a diversidade linguística do país.

( ) O preconceito linguístico ocorre quando alguém faz um juízo de valor negativo e deprecia ou menospreza uma pessoa por sua forma de falar.

( ) O Brasil, sendo um país multicultural, multilíngue e multiétnico desde sua formação, não tem registros de formas de preconceito linguístico.

Agora, assinale a alternativa que apresenta a sequência correta:
a. F, F, V, V, F.
b. F, V, F, V, F.
c. V, V, V, F, F.

d. V, V, F, V, F.
e. V, V, V, V, V.

Atividades de aprendizagem

Questões para reflexão

1. Elabore um texto escrito com as seguintes reflexões: se consideramos que as línguas latinas, como o português, foram modificações do latim vulgar, assim como, por sua vez, o latim vulgar foi uma modificação do latim culto, ou clássico, como ficam nossos conceitos de certo e errado? Será que o certo de hoje não é o errado de ontem?

2. Considerando a diversidade do Brasil, as inúmeras particularidades culturais e linguísticas que temos em nosso país, você acha que a norma-padrão reflete a realidade linguística do país? Por quê? Justifique sua resposta.

Atividade aplicada: prática

1. Faça uma pesquisa sobre a diversidade fonético-fonológica do Brasil. Escolha um texto, de aproximadamente dois parágrafos, para servir de padrão de comparação entre as diferentes pronúncias. Depois, selecione 10 pessoas, de diferentes regiões do país, e peça-lhes para gravar sua voz lendo o texto indicado. Posteriormente, escute e compare as gravações e examine as diferenças de pronúncia das vogais e consoantes de acordo com as diferenças estudadas no capítulo. Em seguida, organize os dados em uma planilha, para fácil visualização e apresentação.

um   Língua e cultura
dois   Origens e formação do português brasileiro
três   Português brasileiro e português europeu: principais diferenças
quatro   Variações linguísticas no português brasileiro

cinco   Traços da personalidade brasileira

seis   Música, língua e cultura brasileira

{

❰ NESTE CAPÍTULO, FALAREMOS de certos aspectos da cultura do brasileiro, das formas de ser geradas e mantidas no país.

Como estudamos nos capítulos anteriores, o povo brasileiro foi formado pela influência de uma quantidade grande de culturas: portugueses (que já eram a mistura de vários povos, como romanos, suevos, visigodos, mouros etc.), indígenas, africanos e, posteriormente, espanhóis, italianos, alemães, japoneses, sírio-libaneses, poloneses, ucranianos, entre outros.

A mistura desses povos, que tantas vezes foi pautada por combates, guerras, violência, escravidão, maus tratos e imposição cultural, inegavelmente, deixou marcas dolorosas e uma herança de problemas sociais a serem superados que nos acompanham até a atualidade, como a corrupção, o preconceito, a desigualdade e a injustiça sociais.

Essa mistura, entretanto, possibilitou também o encontro das influências culturais de diferentes civilizações, formando uma diversidade muito grande, uma riqueza cultural surpreendente em várias áreas: artes, culinária, arquitetura, costumes, religião, linguagem.

Muitos elementos absorvidos das culturas antepassadas foram mantidos em sua forma original, outros foram modificados ou misturados, e muitos outros foram produzidos pelo povo brasileiro. Todos esses elementos formaram novos traços de identidade, um povo novo, original e único em sua forma de ser, muito além da simples soma de portugueses, indígenas, africanos, mais os imigrantes que vieram posteriormente.

Imaginemos quais serão os resultados dessa grande fusão no que diz respeito à personalidade e ao comportamento. Quais serão as características identitárias dos brasileiros? Em que se diferenciam e em que se assemelham a seus antepassados?

Certamente não há um só traço ou um tipo de brasileiro. Em vez de uma cultura, podemos dizer que são "culturas brasileiras", em razão da grande diversidade de costumes em tantas regiões e estados. Quase poderíamos dizer que são vários países em um. E, portanto, não há um tipo de personalidade que se aplique a todos os brasileiros. Ao mesmo tempo, porém, algo nos assemelha, unindo-nos não apenas pelo idioma.

Sigamos imaginando quais são esses traços marcantes que, talvez, possam ajudar a entender os fenômenos culturais e sociais brasileiros. Será que esses traços e características comportamentais moldariam de alguma forma nossa língua? Já vimos a relação entre língua e cultura e como a língua serve de veículo para os modos de ser de uma cultura. Portanto, se a cultura vai sendo recriada com o passar do tempo, a língua vai acompanhando e se transformando junto.

Imaginemos a visão dos estrangeiros sobre os brasileiros. O que será que lhes chama a atenção? Quais aspectos ressaltam de nossa forma de ser? O que, aos olhos dos estrangeiros, diferencia-nos e identifica-nos como brasileiros? Não somos europeus, não somos africanos, não somos indígenas (apesar de alguns ainda serem). Somos resultado desses e de outros povos. Embora, muitas vezes, a mídia exiba internacionalmente uma imagem estereotipada do brasileiro envolvido com samba, futebol, carnaval, praias, favela, corrupção etc., como será que o estrangeiro enxerga o modo de ser do brasileiro quando convive com um?

É comum encontrar descrições de que o brasileiro é um povo agradável, afetivo, caloroso, alegre, comunicativo etc. Diz Milton Blay (2017, posição 2449), em seu artigo *O Brasil visto de fora*:

> Por muito tempo, graças à nossa música popular, ao futebol, ao carnaval (na Europa conhecido como festival), às mulatas de bunda de fora e, sobretudo, à simpatia, passamos ao mundo a imagem de um povo alegre, brincalhão, hospitaleiro, de vibrante musicalidade, de uma sensualidade estonteante e um otimismo desmedido. Povo cordial, de paz e amor.

E o que há além dos estereótipos apontados na citação de Blay? Será que essa característica amigável tem algum fundo de verdade ou é apenas uma imagem de exportação?

Todos esses questionamentos introduzem a análise que desenvolveremos neste capítulo. Nas próximas seções, estudaremos alguns aspectos marcantes da idiossincrasia do brasileiro que nos ajudarão a responder a essas perguntas e nos abrirão o horizonte para a pesquisa e o aprofundamento.

cincopontoum
Miscigenação

Um fenômeno fundamental para a formação da cultura brasileira foi a miscigenação, a mistura de grupos étnicos e povos que fizeram parte do país em seu período colonial.

Em primeiro lugar, devemos compreender que essa mistura não foi, de modo algum, amigável ou natural. No período da colonização, os portugueses colonizadores, por meio de inúmeras batalhas no decorrer dos séculos, gradualmente submeteram e dominaram os indígenas, forçando-os a seus modos, suas crenças e, às vezes, à escravidão. Simultaneamente, trouxeram um grande número de navios, com centenas de africanos, retirados de seu continente e submetidos ao trabalho escravo, especialmente na lavoura, como em cultivos de cana-de-açúcar.

É nesse cenário brutal e desigual de colonizadores e colonizados, ou talvez "conquistadores e conquistados", em que se inicia a gestação de uma nação. Os europeus ditando as regras sociais e religiosas, "civilizando" indígenas e africanos usados como força de trabalho.

Contudo, apesar de os colonizadores imporem suas regras e não darem ao indígena e ao africano o devido espaço na construção social, a miscigenação ocorreu e, inevitavelmente, mesmo em posições extremamente desfavoráveis, indígenas e africanos foram copartícipes na gestação de uma cultura e de um novo povo que ia se formando.

Além da mistura étnica, que combina traços da aparência e outros elementos genéticos, houve também uma notável combinação de conhecimentos, práticas e modos de vida que resultaram em uma grande riqueza cultural. Identificamos essa riqueza cultural na culinária, tão rica e variada; nas artes, como a música, tão original e admirada dentro e fora do país; no folclore e nas festividades, como o carnaval; nas crenças e nos costumes, na maneira de se relacionar, enfim, em uma enorme gama de elementos que compõem os modos de ser, as expressões humanas que aqui no país se configuraram. Existe um vasto patrimônio cultural imaterial no Brasil que se deve a todos os povos que construíram o país, não apenas às culturas dominantes.

Por muito tempo, no entanto, com a marcada diferença social e um predominante pensamento das elites, a contribuição dos indígenas e dos africanos não era reconhecida e, menos ainda, valorizada; nem sequer entre os estudiosos da história e da antropologia. Foi apenas no início do século XX que esse panorama começaria a mudar.

No início dos anos 1920, em torno da Semana da Arte Moderna de 1922, houve uma série de esforços de intelectuais e artistas pela busca de uma identidade nacional. Na década de 1930, importantes trabalhos foram publicados com relação à formação do povo brasileiro, entre eles, as obras *Casa-grande e senzala*, do sociólogo Gilberto Freyre, cuja primeira edição foi em 1933, e *Raízes do Brasil*, do historiador e sociólogo Sérgio Buarque de Holanda, publicado pela primeira vez em 1936*.

Nesse período, distante menos de 50 anos da abolição da escravatura no Brasil (1888), entre os intelectuais, havia as chamadas *teorias raciais*, que afirmavam que o país estava atrasado em seu desenvolvimento em virtude da presença massiva de mestiços, ou seja, as pessoas nascidas da mescla entre europeus, indígenas e africanos eram vistas como inferiores, por isso se propunha, como solução, o "branqueamento" da população.

Havia, portanto, um preconceito cultural e racial institucionalizado, e o primeiro historiador a romper com esse pensamento foi Gilberto Freyre em *Casa-grande e senzala*, obra em que descreve as relações entre senhores e escravos e afirma a mestiçagem como positiva e valiosa culturalmente. Ele confronta a crença de que o mestiço era inferior.

O sociólogo Fernando Henrique Cardoso (2003, p. 28), na apresentação de uma das edições do livro, afirma que Freyre "reinterpretou a raça pela cultura e até pelo meio físico. Mostrou, com mais força de que todos, que a mestiçagem, o hibridismo, e mesmo (mistificação à parte) a plasticidade cultural da convivência entre contrários, não são apenas uma característica, mas uma vantagem do Brasil".

Existem, entretanto, controvérsias sobre a obra de Freyre levantadas por outros autores, entre elas a de que ele escrevia de

---

* Trataremos com mais detalhes sobre essa obra na Seção 5.2.

maneira mais literária e menos científica, imaginando e idealizando a história que, talvez, tenha sido retratada de modo muito idealista, descrevendo relações harmoniosas entre brancos, negros e indígenas, sugerindo que havia uma "democracia racial" na mistura dos povos.

Florestan Fernandes (2008), um dos principais críticos da obra de Freyre, por exemplo, indica que o mito da democracia racial tem sido utilizado pelas elites dominantes, em uma ideologia racial, para mascarar os problemas da desigualdade étnica, do racismo e da discriminação no país. Segundo o autor:

> *Imposto de cima para baixo, como algo essencial à respeitabilidade do brasileiro, ao funcionamento normal das instituições e ao equilíbrio da ordem nacional, aquele mito acabou caracterizando a "ideologia racial brasileira", perdendo-se por completo as identificações que o confinavam à ideologia e às técnicas de dominação de uma classe social.* (Fernandes, 2008, p. 311)

Roberto da Matta (1987) também se refere a essa ideologia racial definindo-a como racismo à brasileira, utilizando a expressão *fábula das três raças*, na qual brancos, indígenas e negros teriam se misturado em harmonia, cada um colocando sua contribuição, em uma espécie de democracia. Segundo esse antropólogo, "uma ideologia que permite conciliar uma série de impulsos contraditórios de nossa sociedade sem que se crie um plano para sua transformação profunda" (Matta, 1987, p. 68).

Apesar de Freyre não utilizar esses termos em *Casa-grande e senzala*, nem afirmar que houvesse essa democracia, segundo essa visão crítica, o autor pode ter induzido à formação dessa linha de pensamento.

A despeito dessas observações críticas a seu trabalho, Gilberto Freyre é considerado um pesquisador muito importante na interpretação da formação do povo brasileiro, pois foi quem enfrentou o pensamento racista dominante e afirmou o valor da mestiçagem, da mistura. Ele valoriza a cultura africana, valoriza a cultura indígena e valoriza os mestiços resultados das misturas entre as três principais etnias – posicionamento que não havia até então. Com base nesse marco da história nacional, muitos pesquisadores desenvolveram estudos sobre a cultura brasileira, sua formação, seus valores e sua importância.

Embora possamos encontrar respeitados estudos sobre a formação do povo brasileiro e de sua cultura, em um cenário permeado pelo racismo, muitas vezes oculto, e pela herança de uma suposta superioridade branca, por interesses políticos e econômicos das elites, ainda hoje falta o reconhecimento em relação aos valores e aos povos que formaram este país. Existem iniciativas, alguns avanços foram alcançados, mas ainda há muito pela frente até chegarmos a uma visão justa a respeito da formação étnica do Brasil, de sua história, de seu povo e, socialmente, a uma verdadeira igualdade, ou uma verdadeira democracia.

Uma das formas de combater todo tipo de preconceito é por meio da difusão da cultura, dos valores, dos saberes e modos de fazer, das celebrações, da beleza artística, da sensibilidade humana, enfim, do patrimônio cultural imaterial que nossos antepassados negros e índios nos deixaram e que, em grande parte, continua sendo praticado, mantido e recriado pelo povo que somos hoje.

5.1.1 Patrimônio cultural imaterial

A temática do patrimônio cultural brasileiro abre o horizonte para a pesquisa, a descoberta e o aprofundamento das raízes e das criações brasileiras. A atenção com o patrimônio cultural imaterial da humanidade tem início com a Convenção da Organização das Nações Unidas para a Educação, a Ciência e a Cultura (Unesco) para a salvaguarda do patrimônio cultural imaterial, ratificada pelo Brasil em março de 2006. Um importante órgão governamental que cumpre o papel de promover o reconhecimento e a preservação dos valores culturais brasileiros é o Instituto do Patrimônio Histórico e Artístico Nacional (Iphan)*. Segundo o instituto, o patrimônio cultural imaterial

> é composto pelas práticas, representações, expressões, conhecimentos e técnicas – junto com os instrumentos, objetos, artefatos e lugares culturais que lhes são associados – que as comunidades, os grupos e, em alguns casos, os indivíduos reconhecem como parte integrante de seu patrimônio cultural. Transmitido de geração a geração, o patrimônio cultural imaterial é constantemente recriado pelas comunidades e grupos em função de seu ambiente, de sua interação com a natureza e de sua história,

---

* Confira o *site* oficial do Iphan, disponível em: <https://www.gov.br/iphan/pt-br>. Acesso em: 28 jul. 2022.

o que gera um sentimento de identidade e continuidade, contribuindo para promover o respeito à diversidade cultural e à criatividade humana. (Iphan, 2022)

O documento *Patrimônio cultural do Brasil: pareceres de registro dos bens culturais imateriais*, publicado pelo Iphan em 2021, ricamente ilustrado, apresenta dados de 48 bens culturais imateriais brasileiros, provenientes de tradições das distintas regiões do país (Iphan, 2021).

Nesse documento, encontramos formas de arte, de expressão, festividades, celebrações religiosas, modos de fazer em culinária, artesanato, agricultura, vestuário etc. que transmitem e preservam a sabedoria dos povos que formaram o Brasil.

Entre os vários bens imateriais brasileiros está o repente, "manifestação cultural que se traduz no diálogo poético em que dois artistas se alternam cantando estrofes improvisadas sobre situações cotidianas" (Brasil, 2021). A estrutura é formada por baiões – sequências de estrofes em que os cantadores, em dupla, cantam alternadamente, provocando e respondendo a provocações e desafios colocados, um para o outro, em uma constante interação com o público.

A prática oral está baseada no desafio à agilidade verbal do cantador, que, de maneira improvisada, deve responder às provocações de acordo com a temática e dentro da estrutura das estrofes. A tradição tem origem no Nordeste, com registros na Paraíba e em Pernambuco, desde meados do século XIX.

O repente pode ser tomado como um bom exemplo de interação entre língua e cultura brasileiras, uma vez que trata de questões cotidianas, da realidade local, por meio de um estilo artístico e estético típico, com uma construção linguística também típica e característica da região.

Vale mencionar que, entre os 48 bens culturais imateriais reconhecidos pelo Iphan (até 2021), seis alcançaram um reconhecimento internacional e foram inscritos pela Unesco como patrimônio cultural imaterial da humanidade. São eles: a roda de capoeira, o frevo, o samba de roda do Recôncavo Baiano, o complexo cultural bumba, meu boi, do Maranhão, o Círio de Nossa Senhora de Nazaré e a arte kusiwa, técnica de pintura corporal de povos indígenas do Amapá, os Wajãpi. Vejamos uma breve descrição de quatro deles, segundo uma publicação da Unesco (2022):

1. As expressões orais e gráficas dos Wajãpis: os Wajãpis são um grupo indígena tupi-guarani, proveniente do Amapá, composto atualmente de 580 membros. Sua arte gráfica e pintura corporal, chamada *kusiwa*, é uma tradição que transmite antigos conhecimentos sociológicos, culturais, estéticos, religiosos e metafísicos dessa cultura. Os desenhos se referem a mitos sobre a criação e existência do homem. Seus motivos mais comuns são a cobra, a borboleta e o peixe. Trata-se de uma arte que reflete, além dos padrões estéticos, a visão de mundo e aspectos essenciais da cultura desse povo.
2. Samba de roda do Recôncavo Baiano: é uma festa popular que surgiu da cultura trazida pelos escravos africanos à Bahia. É composta por música, dança e poesia. Consiste em uma dança em roda, geralmente composta por mulheres, na qual

participantes vão passando ao centro do círculo, sendo acompanhados pelo canto e pelas palmas de quem está ao redor. Durante a era colonial foi a manifestação cultural principal da população afro-brasileira, e seria um ingrediente fundamental para a formação do samba urbano.

3. Frevo, arte do espetáculo do carnaval de Recife: o frevo é uma expressão artística de música e dança originário de Pernambuco. É praticado, principalmente no carnaval, executado por bandas militares e charangas, fusionando gêneros musicais, como a marcha, o tango brasileiro, a contradança, a polca e a música clássica. O ritmo é rápido, e a dança é ágil e dinâmica e se origina dos lutadores de capoeira. O frevo, além da parte festiva e artística, transmite crenças religiosas e tradições por meio de símbolos, distintivos e cores relacionados à fé religiosa, constituindo-se em uma rica manifestação cultural da região.

4. Bumba meu boi: é um rito cultural composto por música, coreografia, representação e brincadeira. É bastante rico em simbolismo místico e transmite uma metáfora do ciclo da vida humana, desde o nascimento até a morte. Variações da festa ocorrem em vários estados brasileiros, mas, no Maranhão, sua expressão se distingue. Ali, a tradição é reinventada anualmente pelos diferentes grupos que participam dela, por meio de canções, bordados no couro de boi e figurinos.

Um trabalho interessante sobre a culinária foi desenvolvido por pesquisadores da Universidade Estadual de Campinas (Unicamp), intitulado *Influências culinárias e diversidade cultural da identidade brasileira: imigração, regionalização e suas comidas* (Sonati; Vilarta; Silva, 2009). Nessa pesquisa, os autores apresentam a diversidade culinária do Brasil descrevendo ingredientes e costumes alimentares de acordo com as regiões do país. Segundo Sonarti, Vilarta e Silva (2009, p. 137):

> *A identidade de um povo se dá, principalmente, por sua língua e por sua cultura alimentar. Um conjunto de práticas alimentares determinadas ao longo do tempo por uma sociedade passa a identificá-la e muitas vezes, quando enraíza, se torna património cultural. O ato da alimentação, mais do que biológico, envolve as formas e tecnologias de cultivo, manejo e a coleta do alimento, a escolha, seu armazenamento e formas de preparo e de apresentação, constituindo um processo social e cultural.*

Há muito a ser tratado sobre patrimônio cultural porque as possibilidades de temas de pesquisa e de estudos são diversas diante do rico material de que dispomos em nosso país, entretanto, como esse não é o objeto de estudo deste livro, abordamos o tema para introduzir e incentivar o conhecimento e despertar a curiosidade sobre essa área.

No capítulo seguinte, trataremos da música brasileira como importante aspecto cultural do país, parte desse patrimônio, e que se deve, em grande parte, à contribuição da matriz africana.

cincopontodois
Homem cordial ou "emotivo"

Continuando nosso estudo sobre traços de identidade marcantes no brasileiro, vamos tratar de uma teoria proposta pelo sociólogo Sérgio Buarque de Holanda, em seu livro *Raízes do Brasil*, sobre uma das principais marcas da forma de ser do brasileiro, a quem o autor conceitua como *homem cordial*.

Com base na etimologia do adjetivo *cordial*, derivado do latim *cor/cordis*, que significa coração, a cordialidade se refere a um alto nível de emotividade em suas relações*. Não significa exatamente generosidade ou amabilidade, mas sim uma forma emotiva, emocional, de se relacionar que pode ser positiva ou negativa, uma vez que tanto sentimentos de amizade quanto de inimizade são emotivos e advindos do coração.

A cordialidade também não significa polidez, educação, civilidade, já que a polidez sugere algum tipo de submissão a normas de uma sociedade, independentemente de sentimentos pessoais. Esse traço seria oposto a isso, ou seja, agir com cordialidade, ou com o "coração", seria priorizar a parte sentimental em vez das formalidades e normas sociais (Holanda, 1995, p. 147).

Sérgio Buarque de Holanda (1995, p. 147) cita o exemplo da sociedade japonesa, na qual "a polidez envolve os aspectos mais ordinários do convívio social, chega ao ponto de confundir-se, por vezes, com a reverência religiosa" e assevera que o brasileiro

---

* Por essa razão, várias vezes nos referimos à cordialidade como emotividade.

está extremamente distante de uma postura reverente e ritualista em suas relações. Nesse sentido, portanto, a cordialidade é oposta à polidez.

Trata-se mais de uma necessidade de intimidade nas relações sociais, de projetar os sentimentos que são próprios do ambiente familiar para a esfera social, com a expectativa de aproximar as pessoas, de minimizar as diferenças e as distâncias e de promover uma sensação familiar.

Encontramos aí um dos aspectos do povo brasileiro que, possivelmente, explique o porquê de os estrangeiros, comumente, afirmarem que somos um povo agradável, afetivo, caloroso, alegre, comunicativo, uma vez que esses são atributos próprios de um relacionamento familiar.

Essa tendência à intimidade seria uma vantagem ou uma virtude dos brasileiros? Por um lado, podemos dizer que sim, já que um ambiente permeado pelo afeto e pela intimidade pode aproximar as pessoas e produzir uma sensação de amizade e aconchego, em outros termos, é como se sentir "em casa". E, em ambientes desconhecidos, essa sensação pode ser altamente reconfortante.

Por outro lado, a mesma tendência pode ser uma grande desvantagem, uma fonte de conflitos e de uma série de problemas pessoais e sociais justamente por confundir a esfera privada com a esfera pública. Veremos isso mais adiante.

5.2.1 Raízes do homem cordial

A origem desse tipo de abordagem e comportamento emotivo, segundo Sérgio Buarque de Holanda (1995), está na forma como o país se configurou no período colonial. O poder estava concentrado nas mãos das famílias patriarcais, às vezes até mais do que nas mãos das autoridades do Estado. Os senhores dos engenhos, que eram donos da terra, da produção, das riquezas e até dos escravos, tinham um poder muito grande sobre a sociedade que ia se formando, como se fossem autoridades governamentais.

Para um patriarca, senhor de engenho, não era clara a separação entre os bens públicos e os bens privados, já que ele era, ao mesmo tempo, administrador e dono de um espaço social, habitado por muita gente. Nesse contexto, as pessoas que o circundavam, em vez de estarem submetidas a leis sociais do Estado, estavam mais sujeitas às vontades pessoais desse patriarca.

Desse modo, se configura um espaço social no qual as relações laborais e interpessoais estão regidas por parâmetros familiares, no qual a intimidade cumpre um papel determinante no posicionamento de cada um nesse espaço hierarquicamente desigual. Aproximar-se na intimidade e estabelecer um contato emotivo com membros da elite podia abrir o acesso a certos privilégios. Se a hierarquia é regida pela família, talvez o modo de se buscar algum tipo de ascensão fosse tentar fazer-se sentir como parte da família, e isso se faz pela intimidade. Na relação intimista, se diminuem as distâncias e se simula uma proximidade entre desiguais.

cincopontotrês
Cordialidade na sociedade

Como abordamos anteriormente, a projeção das relações familiares na esfera social produz uma série de conflitos, em especial porque esses dois tipos de relação são opostos. Na sociedade moderna, o Estado é organizado pela burocratização, por uma série de leis e regras que funcionam com base na impessoalidade, pois o objetivo da sociedade é o bem comum, não os privilégios individuais.

Entretanto, na formação da sociedade brasileira, "não era fácil aos detentores das posições públicas de responsabilidade, formados por tal ambiente, compreenderem a distinção fundamental entre os domínios do privado e do público" (Holanda, 1995, p. 145).

Assim se formava a relação patrimonial, na qual o funcionário público toma a gestão e os bens públicos como assuntos de seu interesse particular, de modo que a escolha de empregados, as decisões e os procedimentos sempre estão alinhados com seus benefícios pessoais.

Historicamente, na visão de Sérgio Buarque de Holanda, essa foi a modalidade predominante no Brasil e

> *só excepcionalmente tivemos um sistema administrativo e um corpo de funcionários puramente dedicados a interesses objetivos e fundados nesses interesses. Ao contrário, é possível*

acompanhar, ao longo de nossa história, o predomínio constante das vontades particulares que encontram seu ambiente próprio em círculos fechados e pouco acessíveis a uma ordenação impessoal. (Holanda, 1995, p. 146)

Notamos como a tendência de misturar o privado com o público pode produzir diversos conflitos e desequilíbrios sociais, entre eles a injustiça social e a corrupção – presentes em nossa história, possivelmente graças, ao menos em parte, a esse modo de agir.

5.3.1 Necessidade social da impessoalidade

Na organização social da modernidade, o Estado assumiu uma estrutura embasada na burocracia. Nesse caso, entretanto, não significa uma série de procedimentos complicados e desnecessários, mas sim uma forma de organização humana baseada na racionalidade e na eficiência, pautada pela formalidade e pela impessoalidade, de acordo com a teoria de Max Weber* (citado por Holanda, 1995).

Esse modelo propõe uma ética do trabalho que estabelece parâmetros para a seleção de funcionários segundo suas qualificações, bem como parâmetros para a disciplina que devem seguir, o cumprimento das funções, o respeito à hierarquia etc.

---

* Teoria citada por Sérgio Buarque de Holanda (1995, p. 146), que trata do funcionário burocrático "conforme a definição de Weber".

No próprio sistema industrial, que viria a se configurar após a Revolução Francesa, com a modernização da produção, cada funcionário se posiciona como uma peça da grande maquinaria, um número na hierarquia, em um ambiente formal e impessoal, no qual não interessa o lado sentimental e pessoal do indivíduo.

Holanda (1995) explica que, frente a essa linha de desenvolvimento social e de profissionalismo, a cordialidade brasileira tem sido motivo de atraso e certa inadaptação. Segundo ele,

> *só pela transgressão da ordem doméstica e familiar é que nasce o Estado e que o simples indivíduo se faz cidadão, contribuinte, eleitor, elegível, recrutável e responsável, ante as leis da Cidade. Há nesse fato um triunfo do geral sobre o particular, do intelectual sobre o material, do abstrato sobre o corpóreo [...].* (Holanda, 1995, p. 141)

Com base na ótica do desenvolvimento do indivíduo e de sua preparação para a vida em sociedade, Holanda (1995) ressalta que deve haver certa liberação das virtudes familiares para que o indivíduo esteja apto à vida prática. É um caminho do pessoal ao impessoal, do conceito de pessoa para o conceito de indivíduo. Entretanto, o *homem cordial*, ou talvez o homem emotivo, tem dificuldade com esse aspecto, pois leva consigo a necessidade da intimidade, da personalização; projeta a afetividade em um espaço regido pela racionalidade e não tem clara a diferença entre o privado e o público, entre o pessoal e o social.

cincopontoquatro
Emotividade, personalidade e jeitinho brasileiro

Qual seria a extensão das influências da cordialidade (ou emotividade) na personalidade de muitos brasileiros, nas relações do dia a dia? Provavelmente vasta e daria margem para várias pesquisas. Como explica Sérgio Buarque de Holanda (1995, p. 146):

> *Já se disse, numa expressão feliz, que a contribuição brasileira para a civilização será de cordialidade—daremos ao mundo o "homem cordial". A lhaneza (franqueza) no trato, a hospitalidade, a generosidade, virtudes tão gabadas por estrangeiros que nos visitam, representam, com efeito, um traço definido do caráter brasileiro, na medida, ao menos, em que permanece ativa e fecunda a influência ancestral dos padrões de convívio humano, informados no meio rural e patriarcal. Seria engano supor que essas virtudes possam significar "boas maneiras", civilidade. São antes expressões de um fundo emotivo extremamente rico e transbordante.*

Vamos tratar de ressaltar alguns aspectos marcantes e refletir sobre eles. Como ponderado anteriormente, por meio do emocional, podemos expressar aspectos tanto positivos quanto negativos. Vejamos inicialmente os positivos.

Aspectos positivos da emotividade

A facilidade para criar intimidade pode, por um lado, propiciar relações amistosas, ainda que, muitas vezes, sejam passageiras; pode criar um ambiente hospitaleiro e agradável, mesmo com estranhos ou estrangeiros; pode encurtar distâncias e fazer com que pessoas de diferentes contextos se sintam parte de algo comum, quase como "sentir-se" em família. É uma "habilidade" que pode ser útil em muitas situações, uma vez que somos frequentemente levados a conviver com desconhecidos, com variadas personalidades.

A alegria e a leveza para lidar com as coisas e a capacidade de falar rindo sobre assuntos sérios também são características da emotividade que podem servir para suavizar tensões, "quebrar o gelo", em momentos delicados.

Aspectos negativos da emotividade

Essa mesma intimidade das relações emotivas pode, por outro lado, confundir o indivíduo quando estiver em situações impessoais e formais. A expectativa de obter o contato emocional pode conduzir à decepção, mesmo que não haja um problema real, senão somente a impessoalidade.

A tendência emotiva pode induzir o indivíduo a levar para o lado pessoal assuntos e relações que são do âmbito profissional e, assim, rixas, inimizades, ciúmes podem ser motivados por esse engano. Em outras palavras, a confusão entre pessoal e impessoal pode desencadear aspectos negativos das emoções.

Além disso, a mistura entre o pessoal e o profissional, com frequência, leva os indivíduos a tomarem decisões motivados por seus interesses pessoais, de favorecer aqueles de quem gosta antes daqueles de quem não gosta, independentemente da competência destes ou daqueles.

Sérgio Buarque de Holanda (1995, p. 149) cita o caso de um negociante norte-americano que manifestou espanto "ao verificar que, no Brasil como na Argentina, para conquistar um freguês tinha necessidade de fazer dele um amigo".

Outra característica negativa da postura emotiva é a aversão às formalidades, à hierarquia, às regras, pois estas cumprem um papel na manutenção da sociedade atual, e a percepção de que são negativas pode levar ao rechaço à institucionalidade e à violação de regras. Nesse sentido, a continuidade disso seria a corrupção, o crime, a crise, o ódio social etc.

5.4.1 Regras de cortesia dos brasileiros

Como estudamos no Capítulo 3, as regras pragmáticas são certos acordos implícitos de conduta e de comunicação que norteiam nossas relações, como desculpar-se, pedir por favor, aceitar ou recusar convites etc. Existem formas aceitas em cada sociedade para cada um desses atos.

Em sua pesquisa sobre a pragmática, Gomes (2020, p. 307) aborda as regras de cortesia que permitem a boa comunicação em uma sociedade, mas que também podem ser motivo de choques culturais quando alguém não as conhece. Vimos, no Capítulo 4, exemplos de diferenças pragmáticas entre o português brasileiro e o português de Portugal e alguns desses possíveis choques por diferenças culturais. Sendo assim, esse princípio da emotividade que estamos estudando neste capítulo pode ser um balizador de muitas relações e acordos implícitos na cultura brasileira. Como dissemos no início, esse seria um interessante ramo para a pesquisa.

Vejamos algumas possibilidades de regras de cortesia do brasileiro, segundo a pesquisa de Gomes (2020), que poderiam estar associadas à emotividade, apesar de a autora não afirmar isso.

Embora, como apontamos anteriormente, Buarque de Holanda (1995) tenha afirmado que essa característica emotiva, cordial, é contrária à polidez, Gomes (2020, p. 308) descreve o princípio de polidez como uma das fortes características da cultura brasileira. Provavelmente, Gomes não se refere ao mesmo conceito de polidez de Sérgio Buarque de Holanda, com um sentido de civilidade e obediência a normas, mas sim a uma tendência de não querer desagradar o outro, o que se alinha com a conduta da emotividade.

Vejamos a explicação e definição de Gomes (2020, p. 308):

> Por exemplo, ouvir recusas é sempre embaraçoso. Principalmente na cultura brasileira, recusas precisam ser atenuadas, para contemplar o Princípio da Polidez. Embora alguém a quem se peça dinheiro emprestado esteja em posição de negar, no Brasil um simples "não" é uma resposta rude. Uma resposta como "Gostaria de ajudar, mas não disponho dessa quantia" é muito mais bem recebida. Isso vale para pedidos de doações a organizações beneficentes, esmolas etc. Enfim, para os brasileiros,

é falta de educação não "querer" ajudar; é preciso não "poder" ajudar. Na cortesia brasileira, é preciso levar o outro a acreditar que, se não fosse a existência de um impedimento alheio à vontade do solicitado, a ajuda seria dada. Assim também se age ao receber um convite social. Para não ofender quem convida, para não ser rude, o convidado tem de dar a entender que gostaria muito de ir, apesar de estar impedido.

Como consequência desse tipo de polidez, ou da "máxima de cortesia", como apontado por Gomes (2020), poderiam surgir certos comportamentos marcantes. Vejamos alguns citados pela autora:

- Dificuldade para dizer não ou para recusar algo;
- Prometer e não cumprir, como o famoso "passa lá em casa", que nunca vai se concretizar;
- Uso de eufemismos e diminutivo, como nos seguintes exemplos:
  - "Posso pedir um favorzinho?" é preferido a "Faça-me um favor".
  - "Falta só uma coisinha (para eu poder ir embora)" é preferido a "Vai demorar para eu ir".
  - "João está fortinho" é preferível a dizer "João está gordo".

Esses são, portanto, alguns estudos e exemplos sobre regras de cortesia dos brasileiros que indicam algumas características e traços de sua personalidade. Após esse estudo, fica fácil entendermos a razão de choques culturais e comunicacionais entre brasileiros e estrangeiros que cultivem diferentes regras de cortesia.

Recomendamos que o leitor observe, em seu convívio social, essas regras para relacionar teoria e prática e ampliar sua percepção sobre essa área de estudo.

5.4.2 Jeitinho brasileiro

Outro comportamento bastante conhecido e comentado na sociedade brasileira é o "jeitinho brasileiro", entendido por muitos como um de nossos principais traços. O termo pode ser aplicado a diferentes situações, mas vejamos as que ressaltam mais, de acordo com estudos em antropologia.

A pesquisadora e antropóloga social Lívia Barbosa, em seu livro *O jeitinho brasileiro: a arte de ser mais igual do que os outros*, apresenta a seguinte definição: "o jeitinho é sempre uma forma 'especial' de se resolver algum problema ou situação difícil ou proibida; ou uma solução criativa para alguma emergência, seja sob a forma de burla a alguma regra ou norma preestabelecida, seja sob a forma de conciliação, esperteza ou habilidade" (Barbosa, 2005, p. 41).

Notamos, com base nessa definição de Barbosa (2005), a dualidade e que, assim como nas expressões de cordialidade, as expressões do jeitinho brasileiro podem se dar positiva ou negativamente. Ainda que seja mais frequentemente associado à corrupção, a autora sugere que o jeitinho "pertence a uma família de fenômenos, dos quais fazem parte o favor e a corrupção. A melhor forma de entendê-los seria visualizá-los como um *continuum*, no qual no polo positivo encontra-se o favor, no negativo, a corrupção e na posição intermediária o jeitinho" (Barbosa, 2005, p. 42).

Assim se forma a sequência esquematizada no Quadro 5.1:

Quadro 5.1 – Continuum do jeitinho brasileiro

(+)	(+)/(−)	(−)
Favor	Jeito	Corrupção

FONTE: Barbosa, 2005, p. 42.

Em outros termos, o jeitinho é uma forma não convencional de se resolver alguma situação. Em alguns momentos, ele pode ser uma ideia criativa e inofensiva, um favor por uma real necessidade; em outros, uma ação desonesta e até criminosa, um enfrentamento da ordem social.

No lado positivo, encontramos, no jeitinho brasileiro, a criatividade, a flexibilidade para buscar caminhos alternativos, a improvisação, a capacidade de "se virar" por si mesmo, de modo pessoal, quando o caminho tradicional não oferece opção. Muitas vezes, o "jeito" se desenvolve como estratégia de sobrevivência diante da falta de recursos, da dificuldade.

Dessa linha, teve origem o perfil do malandro, sujeito esperto, simpático, engraçado, personagem brasileiro famoso que rendeu muitas letras de samba. Falaremos mais sobre ele no Capítulo 6, no estudo sobre a música brasileira.

No lado negativo do jeitinho, a criatividade e a flexibilidade estão a serviço de interesses pessoais, egoístas e antiéticos, pois o jeito é usado como caminho para levar vantagem, independentemente de que outros sejam prejudicados no processo. Cria-se um gosto por quebrar regras, pela subversão das leis, pela desobediência; um sentimento de superioridade, privilégios e impunidade.

Nessa linha, está o corrupto, o desonesto, o malandro no sentido criminoso da palavra, perfis que permeiam nossa sociedade em todas as instâncias, tanto naquele que desvia longas cifras de dinheiro quanto naquele que sempre fura as filas porque se acha muito especial para ficar esperando.

Essas são algumas características do jeitinho brasileiro, que, na maioria das vezes é retratado como comportamento subversivo, mas que, como vimos, pode ser canalizado positiva ou negativamente, de acordo com os valores éticos do sujeito.

cincopontocinco
Aspectos linguísticos com base na personalidade

Tratemos, agora, de algumas expressões linguísticas que estão relacionadas com os aspectos culturais comportamentais que abordamos até este ponto.

Modo dos pronomes

Segundo Gilberto Freyre (2003), a língua portuguesa não foi totalmente modificada pelos escravos nas senzalas, nem permaneceu em sua forma rígida tradicional nas salas de aula das casas-grandes. "A nossa língua nacional resulta da interpenetração das duas tendências. Devemo-la tanto às mães Bentas e às tias Rosas como aos padres Gamas e aos padres Pereiras" (Freyre, 2003, p. 376).

Nessa fusão, a língua teria sido amolecida, suavizada e enriquecida.

> *Um exemplo, e dos mais expressivos, que nos ocorre, é o caso dos pronomes. Temos no Brasil dois modos de colocar pronomes, enquanto o português só admite um – o "modo duro e imperativo": diga-me, faça-me, espere-me. Sem desprezarmos o modo português, criamos um novo, inteiramente nosso, característicamente brasileiro: me diga, me faça, me espere. Modo bom, doce, de pedido. E servimo-nos dos dois. Ora, esses dois modos antagônicos de expressão, conforme necessidade de mando ou cerimônia, por um lado, e de intimidade ou de súplica, por outro [...].* (Freyre, 2003, p. 376-377)

Portanto, como defende Freyre (2003), o uso do pronome antes do verbo, como abordamos em capítulo anterior, acentuaria nosso jeito mais simpático de ser. A forma de mando, ou antipática, permanece até hoje, principalmente quando uma pessoa se irrita e diz: "faça-me o favor" ou "ponha-se pra fora daqui".

Outro modo para o verbo ter

O professor Luiz Jean Lauand, em seu livro *Revelando a linguagem*, cita como exemplo da suavidade do brasileiro a criação de um segundo modo para o "frio e duro" verbo *ter*. Ele explica que "a forma portuguesa (e a espanhola) do 'ter' [...] deriva da antipática e agressiva do latim tenere: 'segurar', 'agarrar', 'pegar' [...] (Houaiss), no mesmo sentido em que 'garfo' em espanhol é *tenedor*: aquele que tem" (Lauand, 2016, p. 186, grifo do original).

No Brasil, por sua vez, surgiu o modo mais suave, que seria a locução *estar com*. Vejamos uma possível explicação para sua origem:

> *Provavelmente por influência africana (que coincide com a forma quimbundo kukala ni), o português do Brasil criou uma suave e deliciosa alternativa a 'ter'. Na vida comunitária africana, é muito menos acentuada a demarcação de posse [...] Se tudo corre bem, numa família não são necessários tantos cadeados e chaves. Há, pelo menos, uma ampla gama de objetos que são indiscutivelmente de todos: a tesoura, o guia da cidade, o grampeador, a pasta de dentes [...] Para esses objetos, não teria sentido dizer 'ter', mas kukala ni – 'estar com': 'Você está com a tesoura?', 'Quem está com o guia da cidade?'.* (Lauand, 2016, p. 186)

O autor prossegue com mais uma forma de expressão do termo:

> *A linguagem brasileira estendeu essa fraternidade, substituindo em muitos outros casos o verbo 'ter' pela locução 'estar com' (o que não ocorre, nessa mesma extensão, nem em Portugal nem na Espanha): 'Você está com tempo?; está com febre?; está com pressa?; está com dinheiro?; está com carro?' (o espanhol diria tienes tiempo, fiebre. O brasileiríssimo 'estar com' é forma*

> muito mais simpática, mais solta, pois se aplica propriamente a 'posses' casuais, as posses provisórias de algo que, no fundo, é tão meu quanto teu, ou melhor, é de todos nós. Ao menos, no âmbito da linguagem... (Lauand, 2016, p. 186)

Verificamos, portanto, um modo essencialmente brasileiro, "estar com", utilizado como alternativa ao verbo *ter*, originado pela influência africana no português brasileiro. Ainda, constatamos que não é apenas um novo termo adicionado à língua, mas também é um comportamento diferente, adicionado à cultura brasileira pela cultura dos africanos.

Uso dos diminutivos

Uma expressão linguística bastante presente no português brasileiro é o uso dos diminutivos. Sérgio Buarque de Holanda (1995, p. 148) assinala que o modo de ser cordial

> parece refletir-se em nosso pendor acentuado para o emprego dos diminutivos. A terminação "inho", aposta às palavras, serve para nos familiarizar mais com as pessoas ou os objetos e, ao mesmo tempo, para lhes dar relevo. É a maneira de fazê-los mais acessíveis aos sentidos e também de aproximá-los do coração.

Temos o costume de usar diminutivos para objetos, pessoas, ações; os exemplos mais comuns podem ser pãozinho, cafezinho, Leandrinho, Ricardinho, Zinho, fazer um favorzinho, dar uma passadinha em casa, comer uma coisinha, dar um jeitinho etc.

É interessante que o aumentativo também pode ser utilizado como modo de expressar a familiaridade com alguém. Nesse caso, o *Leandrinho* poderia ser chamado de *Leandrão*, com um sentido muito parecido, de proximidade, e não necessariamente relacionado ao tamanho.

Formas de tratamento

Um costume do português brasileiro que bem pode ter surgido como efeito das relações mais intimistas e menos formais é tratar as pessoas pelo primeiro nome, mesmo em situações formais, mesmo em hierarquias, como um chefe na empresa. Em vez de dizer "Senhor Nascimento, o que o senhor acha da ideia?", é mais comum dizermos: "Felipe, o que você acha?".

No tratamento também temos o hábito de chamar as pessoas por apelidos, de modo que, às vezes, nem sabemos o nome da pessoa. Um exemplo claro é o dos atletas brasileiros que colocam seus apelidos nas camisas, ao passo que os atletas estrangeiros, geralmente colocam os sobrenomes. Para exemplificar, lembremos de Pelé, Zico, Dunga, Hulk, Kaká, Cafu, Bebeto, Fernandinho, Fred etc. É uma particularidade interessante, não?

Cabe citar, também, o uso do pronome de tratamento *você*, que era originalmente *vossa mercê*. Além de abreviar-se, no Brasil, termo passou de tratamento formal para tratamento íntimo. Essa mudança poderia ser mais um exemplo da tendência intimista e familiar do temperamento brasileiro.

Curiosidades brasileiras vistas de fora

Por fim, vamos trazer alguns exemplos que ressaltam aspectos da cultura brasileira aos olhos de um estrangeiro. Não se trata de uma pesquisa científica, mas da observação do *youtuber* americano Tim Cunningham, que morou no Brasil e aponta, de maneira bem-humorada, uma série de diferenças entre brasileiros e norte-americanos.

Vamos ver os costumes ou padrões de comportamento apresentados e fazer um comentário sobre cada um. Os tópicos farão referência ao respectivo vídeo. Vejamos a seguir:

- Brasileiros mandam áudio e americanos mandam texto (Cunningham, 2020). Segundo o teor do vídeo, os brasileiros mandam mais mensagens de áudio pelo *smartphone*, e os americanos mandam mais mensagens de texto. Vale refletir sobre as características da mensagem por áudio, que permite mais expressividade com o uso da voz e, portanto, mais intimidade, emotividade etc. O uso de figurinhas e *emojis* indica expressões de emoção. Além disso, a criação de vários grupos em aplicativos de mensagens entre amigos, família, colegas de faculdade etc. poderia também indicar um maior compartilhamento da vida pessoal com as pessoas.
- Brasileiros compartilham a bebida, americanos tomam sozinhos (Cunningham, 2021). O autor do vídeo afirma que, nos Estados Unidos, cada pessoa toma em sua própria garrafa de cerveja, ao passo que, no Brasil, chamou-lhe a atenção o fato de que os amigos pedem uma garrafa e mais copos e servem o copo do colega antes do seu. Essa é uma indicação de maior intimidade nos brasileiros.

- Hábitos comuns no Brasil que são estranhos nos Estados Unidos (Cunningham, 2021). Entre os hábitos apresentados nesse vídeo, selecionamos os quatro de maior destaque em relação ao nosso estudo:

    1. "No Brasil é costume um cliente, em um bar ou restaurante, chamar o garçom de modo bastante impessoal, como "ô, campeão, pode me trazer outra gelada?". Nos Estados Unidos, essa atitude pode ser considerada falta de respeito, já que demonstra um excesso de informalidade.
    2. "O costume de cumprimentar as pessoas com beijos no rosto, nos Estados Unidos poderia produzir um desconforto". Esse hábito demonstra um nível alto de intimidade, o que, possivelmente, não é comum nos Estados Unidos, como no Brasil.
    3. "No Brasil, se acostuma colocar apelidos nas pessoas, com base em suas características físicas, como japa, careca, gordinho". Esse hábito é mais uma demonstração de intimidade que pode ser excessiva e desrespeitosa, dependendo do caso.
    4. "Bater papo na reunião de negócios". De acordo com o vídeo, isso é estranho para os americanos, que entendem uma reunião de negócios como um momento mais formal e impessoal, de foco específico no trabalho.

Podemos considerar que esses exemplos de comportamento são realmente brasileiros? Fazem sentido para você?

Vimos exemplos que denotam relações intimistas e excesso de informalidade, características que coincidem com os traços de personalidade brasileiros que estudamos anteriormente, quando citamos Freyre (2003), Holanda (1995) e Lauand (2016). Portanto, apesar de serem exemplos de cunho cultural e não científico, apresentados pela ótica de um estrangeiro que vive no Brasil, contrastando as culturas brasileira e norte-americana, percebemos como corroboram com os estudos dos pesquisadores citados.

Síntese

Neste capítulo, analisamos e refletimos sobre aspectos marcantes da identidade do povo brasileiro, com base em certas teorias de pesquisadores da sociedade brasileira.

A miscigenação, a mescla entre as etnias, originou esse povo tão rico e diverso culturalmente. Tratamos do cenário de preconceito racial no século XX, do papel de Gilberto Freyre em aceitar e reconhecer o valor da mistura étnica, a "mestiçagem", dos povos que se misturaram e do patrimônio cultural imaterial brasileiro, que preserva os valores desses povos.

Apresentamos uma característica marcante da personalidade do brasileiro, proposta por Sérgio Buarque de Holanda, denominada "homem cordial", que, neste trabalho, chamamos, em vários momentos, de "homem emotivo". Vimos algumas implicações dessa conduta emotiva, que pode ser positiva, como a facilidade de se formar intimidade, e também negativa, como a dificuldade com as formalidades e a confusão do público com o privado. Outros aspectos de personalidade, como as regras de cortesia e o jeitinho brasileiro, que se apresenta tanto como expressão de esperteza e de flexibilidade quanto como de corrupção e de desonestidade, também foram tratados no capítulo.

Por fim, apresentamos os elementos linguísticos relacionados com expressões de personalidade, como o uso dos pronomes, um segundo modo para o verbo "ter", o uso dos diminutivos, formas de tratamento, e finalizamos com exemplos de cunho cultural, com as diferenças de comportamento entre brasileiros e americanos.

> ## Indicações culturais
>
> O Iphan tem um canal no YouTube com muito material em vídeo disponível, entre os quais ressaltamos os filmes etnográficos (etnodocs) que tratam de variadas manifestações culturais brasileiras: *Eu tenho a palavra*, sobre as origens africanas da cultura brasileira em termos linguísticos; *Arte Kusiwa*, um documentário sobre a arte da pintura corporal do grupo indígena Wajápi, do Amapá.
>
> ARTE GRÁFICA Kusiwa. **Iphan**, 2002. Disponível em: <https://www.youtube.com/watch?v=lBmCxTQGMX0>. Acesso em: 9 jun. 2022.
>
> EU TENHO a palavra. Direção e roteiro: Lilian Solá Santiago. Produção: Francine Barbosa. **Iphan**, 2009. Disponível em: <https://www.youtube.com/watch?v=qUwi3YM78NQ>. Acesso em: 9 jun. 2022.
>
> IPHAN. Disponível em: <https://www.youtube.com/user/Iphangov.br>. Acesso em: 9 jun. 2022.

Atividades de autoavaliação

1. Analise as afirmativas a seguir sobre mestiçagem no Brasil e marque V para as verdadeiras e F para falsas.

( ) A mestiçagem praticamente não ocorreu no Brasil, porque os grupos étnicos não se misturaram.

( ) A mestiçagem ocorreu em grande proporção e foi um dos fatores importantes para a formação da riqueza e da diversidade cultural brasileira.

( ) Gilberto Freyre foi um importante autor, principalmente no que diz respeito ao reconhecimento do valor da mistura étnica no Brasil.

( ) A mestiçagem ocorreu sempre em harmonia entre portugueses, índios e africanos, em uma espécie de democracia étnica.

( ) Apesar de os conquistadores terem imposto sua cultura, em um cenário desigual, de dominação, os povos indígenas e africanos foram copartícipes na gestação do povo brasileiro e são corresponsáveis pela riqueza cultural que temos hoje.

Agora, assinale a alternativa que apresenta a sequência correta:

a. V, V, V, F, V.
b. F, V, V, F, V.
c. F, F, V, F, V.
d. F, V, F, F, V.
e. F, V, V, F, F.

2. Analise as afirmativas a seguir sobre a teoria do "homem cordial" e marque V para as verdadeiras e F para falsas.

( ) A cordialidade significa "civilidade", "submissão a regras sociais".
( ) A cordialidade pode ser entendida como "emotividade".
( ) Agir com cordialidade, ou com o "coração", seria priorizar a parte sentimental em vez das formalidades e normas sociais.
( ) A origem da cordialidade está nas relações das famílias patriarcais, que detinham grande poder e a vontade pessoal dos senhores dos engenhos era, praticamente, lei.
( ) Nas relações interpessoais com as famílias patriarcais, a intimidade não era um elemento importante.

Agora, assinale a alternativa que apresenta a sequência correta:

a. V, V, V, V, F.
b. F, F, V, V, F.
c. F, V, V, F, F.
d. F, V, V, V, F.
e. F, V, F, V, F.

3. Analise as afirmativas a seguir sobre a cordialidade na esfera social e marque V para as verdadeiras e F para falsas.

( ) Na sociedade moderna, o Estado é organizado por uma série de leis e regras que funcionam em base à impessoalidade, pois o objetivo da sociedade é o bem comum, e não os privilégios individuais.
( ) A projeção das relações familiares na esfera social não pode produzir conflitos, porque esses dois tipos de relação são idênticos

( ) No Brasil, sempre houve, por parte dos funcionários públicos, uma clara distinção entre o público e o privado.

( ) O "homem cordial" tem dificuldade com a impessoalidade e com a burocratização do Estado, pois leva consigo a necessidade da intimidade e da personalização.

( ) Só pela transgressão da ordem doméstica e familiar é que nasce o Estado e que o simples indivíduo se faz cidadão, responsável ante as leis.

Agora, assinale a alternativa que apresenta a sequência correta:

a. F, F, F, V, V.
b. V, V, F, V, V.
c. V, F, V, V, V.
d. V, F, F, V, F.
e. V, F, F, V, V.

4. Analise as afirmativas a seguir sobre os traços de personalidade dos brasileiros e marque V para as verdadeiras e F para falsas.

( ) Em seu lado positivo, a cordialidade pode significar facilidade para formar amizade e relações amistosas.

( ) Uma característica positiva da cordialidade é a facilidade de lidar com as formalidades, a hierarquia, as regras de manutenção da sociedade.

( ) Um traço marcante do brasileiro é a dificuldade para dizer não ou para recusar algo.

( ) Um traço marcante do brasileiro é o costume de prometer e não cumprir. Ex.: o famoso "passa lá em casa", que nunca vai se concretizar.

( ) O "jeitinho brasileiro" é uma forma não convencional de se resolver alguma situação. Em alguns momentos ela pode ser uma ideia criativa e inofensiva, um favor por uma real necessidade; em outros uma ação desonesta e até criminosa, um enfrentamento da ordem social.

Agora, assinale a alternativa que apresenta a sequência correta:
a. V, F, V, V, V.
b. F, F, V, V, V.
c. V, F, F, V, V.
d. V, F, V, V, F.
e. V, F, V, F, V.

5. Analise as afirmativas a seguir sobre fatos linguísticos relacionados com traços comportamentais dos brasileiros e marque V para as verdadeiras e F para falsas.

( ) Além do modo português "duro e imperativo": diga-me, faça-me, espere-me, criamos um novo, inteiramente nosso, caracteristicamente brasileiro: me diga, me faça, me espere. Modo doce de pedir.

( ) Além do "frio" verbo "ter": eu tenho a tesoura, criamos o modo brasileiro "estar com", mais comunitário e sem demarcação de posse: "eu estou com a tesoura".

( ) O uso dos diminutivos não se tornou um costume frequente no Brasil, porque expressa familiaridade e intimidade com pessoas e objetos.

( ) No Brasil, é costume tratar as pessoas pelo primeiro nome, mesmo em situações formais e em hierarquias, como um chefe na empresa.

( ) No Brasil, não existe o costume de bater papo em uma reunião de negócios, já que os brasileiros são estritamente formais e impessoais.

Agora, assinale a alternativa que apresenta a sequência correta:

a. V, V, F, V, F.
b. F, F, F, V, V.
c. V, F, F, F, V.
d. V, V, F, F, F.
e. V, V, V, V, F.

Atividades de aprendizagem

Questões para reflexão

1. Qual é sua percepção a respeito dos principais traços de identidade dos brasileiros? Estudamos o "homem cordial" (ou emotivo), as regras de cortesia, o jeitinho brasileiro e alguns hábitos de nosso povo. Você identifica uma ou mais dessas características em você ou em pessoas à sua volta? Ou identifica outras, além dessas? Quais são os traços de personalidade mais marcantes dos brasileiros em sua opinião? Registre suas respostas em um texto escrito.

2. "Só pela transgressão da ordem doméstica e familiar é que nasce o Estado e que o simples indivíduo se faz cidadão, contribuinte, eleitor, elegível, recrutável e responsável, ante as leis da Cidade" (Holanda, 1995). Reflita sobre essa afirmação. Segundo o autor,

um dos problemas para o desenvolvimento do Brasil é essa tendência de levar as coisas mais para o lado pessoal e menos para o lado profissional – características do "homem cordial". Qual é sua visão crítica do assunto? Você concorda com essa hipótese? Registre sua resposta em um texto escrito.

Atividade aplicada: prática

1. Sobre as regras de cortesia dos brasileiros, faça uma pesquisa, especificamente, sobre a dificuldade de recusa, ou de dizer não. Procure uma pessoa que trabalha com vendas ou com alguma instituição beneficente, que faça pedidos de doação, e peça a essa pessoa que lhe conceda o direito de acompanhá-la em um dia de trabalho. Faça o monitoramento de, pelo menos, 20 tentativas de venda ou de doação e observe a forma de reação de cada pessoa abordada para constatar se realmente existe alguma dificuldade de recusa, se a pessoa fica sem jeito, se tem necessidade de se justificar para negar etc. Organize seus dados em uma tabela, com as porcentagens dos casos, para que possa apresentar sua pesquisa em momento oportuno.

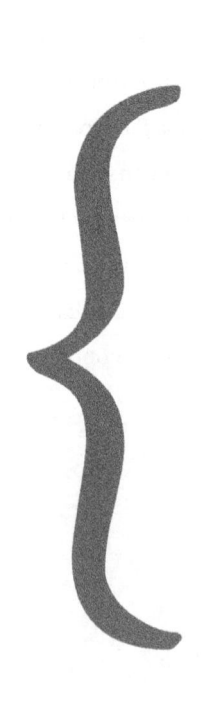

{

um	Língua e cultura
dois	Origens e formação do português brasileiro
três	Português brasileiro e português europeu: principais diferenças
quatro	Variações linguísticas no português brasileiro
cinco	Traços da personalidade brasileira
# seis	Música, língua e cultura brasileira

{

> *A música popular urbana brasileira é resultado da confluência cultural de três etnias: o índio, o branco e o negro, dos quais herdamos todo o instrumental, o sistema harmônico, os cantos e as danças. Como manifestação cultural expressiva, essa música urbana surgiu no início do século XIX, nos principais centros da colônia, notadamente Rio de Janeiro e Bahia, entoada por pessoas que cantavam modinhas e lundus ao violão, ao piano ou acompanhadas por grupos instrumentais.*
> (Diniz, 2006, p. 21).

❰ NESTE CAPÍTULO, ESTUDAREMOS um pouco da forma de arte que é um dos maiores patrimônios do Brasil, uma das mais claras demonstrações da riqueza cultural deste povo: sua música.

A arte tem o poder de transmitir sentimentos, pensamentos, sonhos, ideias, crenças, esperanças, alegrias, tristezas e tantas outras emoções e sensações. Por isso, ela reflete a vida de um povo em todos os seus aspectos e permite que sua voz seja conhecida e perpetuada.

Apesar da grande relevância de diversas manifestações artísticas que se desenvolveram no decorrer de nossa história, como a literatura, a dança, a pintura, o teatro, nesta obra queremos analisar mais detidamente a música.

A música é uma forma artística que carrega não apenas sons e ritmos, mas também palavras, frases e versos. Por meio dela, o português brasileiro vem, há pelo menos um século, expressando-se e enriquecendo. Nossas canções são um registro histórico de valor inestimável que mostra, não apenas com ginga e malícia, mas também com poesia e profundidade, a interação do povo brasileiro com sua língua e sua história.

Nossa música, gradualmente, foi se expandindo, ultrapassando fronteiras e se tornando, possivelmente, nossa mais valiosa colaboração para o patrimônio cultural mundial.

Esse fenômeno começou por volta dos anos 1940, encabeçado pela atriz e cantora Carmem Miranda, quem levou o Brasil e o samba a Hollywood e, portanto, ao mundo. Entretanto, a "invasão musical brasileira" por excelência aconteceria um pouco depois, na década de 1960, quando a bossa nova tomaria, por assalto, as rádios do planeta, com canções como *Garota de Ipanema* e *Chega de saudade*, de Tom Jobim e Vinícius de Moraes. Falaremos sobre esse estilo musical mais à frente.

Atualmente, graças à internet, nossa influência em outras culturas tem crescido exponencialmente. Todos os dias, cada vez mais estrangeiros têm a chance de descobrir e apreciar a música brasileira, estabelecendo, assim, uma relação mais próxima com nossa cultura. Essa aproximação e admiração por nosso país faz com que muitos estrangeiros tomem a iniciativa de visitar o Brasil e até mesmo de aprender o português brasileiro. A música, portanto, expande e perpetua, de maneira contínua e duradoura, a presença de nossa cultura e nossa língua no cenário mundial.

A música brasileira abrange muitos estilos, de norte a sul do país, com uma diversidade impressionante, cada um com suas particularidades regionais, históricas e artísticas, como a música erudita, o chorinho, o samba, o forró, o sertanejo, o axé, o pop, o rock, o *hip-hop*, o *rap*, o *reggae*, entre tantos outros.

Seria muito interessante e valioso nos estendermos no estudo de cada um deles, mas, neste livro, faremos um pequeno recorte e abordaremos o samba, a bossa nova e a MPB, gêneros que tiveram grande impacto na cultura, na identidade e na língua do brasileiro.

seispontoum
Nascimento do samba

Podemos considerar que a gênesis do samba anda de mãos dadas com a gênesis da brasilidade, do "ser brasileiro". Afinal, esse ritmo miscigenado, inventado no Brasil, representa uma simbiose perfeita, a receita de bolo acertada, na qual cada ingrediente, em sua particularidade, gerou um prato novo e inconfundível, apreciado tanto dentro quanto fora de seu país de origem. O samba não é europeu, também não é africano. O samba é brasileiro. Simples assim. O samba é tradição, religião, é monumento e movimento. O samba é uma declaração de amor ao Brasil.

No banquete da "gastronomia musical mundial", o samba é prato principal, é carro-chefe. Embora, como já dissemos, sejamos muito mais do que samba, carnaval e futebol, o fato de esses elementos terem se tornado traços tão marcantes de nossa cultura no exterior, leva-nos a refletir: Esse fascínio todo existiria se não houvesse, nesses três elementos, um apelo universal e atemporal, baseado na simpatia, na alegria, na originalidade, no mérito, no esforço, na criatividade? Daí o tremendo fascínio que enfeitiça pessoas nascidas em todas as latitudes do planeta.

O fato é que esse "prato musical" é delicioso e, acima de tudo, é *nosso*. Por isso, precisa ser conhecido, valorizado e preservado por nós.

Existem muitos aspectos que explicam o nascimento do samba e a grande importância que esse ritmo assumiu em nossa cultura. Por onde começar?

6.1.1 Mama África, mãe do samba

Comecemos pela África subsaariana, berço de culturas milenares, organizadas de modo tribal, coletivista e essencialmente místico. Ali nasceu uma cultura musical de natureza ritualística. Suas características principais são a complexidade rítmica (polirritmia) e o modelo de "chamada e resposta": uma voz ou instrumento toca uma pequena frase melódica e essa frase é ecoada por outra voz ou instrumento. Isto se estende ao ritmo, de maneira que um tambor toca um padrão rítmico que será repetido por outro tambor.

Outra característica da música africana é seu alto grau de improvisação, que permite que, ao redor de um padrão rítmico central, sejam acrescentados ou sobrepostos outros ritmos complementares.

Esses elementos citados são a matriz do samba e foram trazidos ao Brasil Colônia pelos africanos escravizados que aqui chegaram. Eles conseguiram preservar algumas das tradições de seu continente de origem, apesar da repressão das autoridades coloniais.

Figura 6.1 – Ilustração de ritmos musicais africanos

IVANCHINA ANNA/Shutterstock

6.1.2 Chegada da família real e o nascimento de uma metrópole cultural

Outro elemento determinante para o desenvolvimento da cultura brasileira e, portanto, para a gênese do samba, foi a mudança da família imperial portuguesa e sua comitiva para o Rio de Janeiro, em 1808.

Na verdade, a mudança não foi planejada. Foi uma fuga. Quase um "jeitinho brasileiro" antes que nascesse o jeitinho brasileiro... Isso porque o refúgio no Brasil foi a saída adotada pelo príncipe regente, D. João, para preservar a independência de Portugal frente à ameaça de invasão por Napoleão Bonaparte. Ele "despistou" o temido líder francês e, graças a isso, o Rio de Janeiro, que antes era a sede da colônia, tornou-se a sede da Monarquia Portuguesa. Esse evento é único na história, pois nunca, antes ou depois, outra colônia se tornou sede da Coroa.

As implicações disso são muito profundas, já que a Corte trouxe ao Brasil – e mais especificamente ao Rio de Janeiro – mudanças culturais, econômicas, políticas e científicas marcantes, entre elas, segundo Meirelles (2015), estão:

- a abertura dos portos às nações amigas, passo que alavancaria o comércio e se mostraria decisivo para a posterior Independência do Brasil (1808);
- a criação da Imprensa Régia e a autorização para a abertura de tipografias e a publicação de jornais (1808);
- a fundação do primeiro Banco do Brasil (1808);

- a abertura de escolas e universidades (entre elas, a Escola de Cirurgia da Bahia e a Escola Anatômica, Cirúrgica e Médica do Rio de Janeiro);
- a vinda da Missão Artística Francesa e a fundação da Academia de Belas Artes (1816);
- a criação da Biblioteca Real (1810), do Jardim Botânico (1811) e do Museu Real (1818), que se tornaria o Museu Nacional.

Assim, a cidade foi se tornando o maior polo sociopolítico do Brasil. Seu desenvolvimento, em todas as áreas, seria determinante no nascimento de uma identidade nacional.

FIGURA 6.2 – O RIO DE JANEIRO NO PERÍODO COLONIAL

6.1.3 Batuque, lundu, maxixe, modinha e choro: mistura musical no caldeirão do Rio de Janeiro

Em razão dos fatores comentados anteriormente, no fim do século XIX, o Rio de Janeiro já era uma metrópole consolidada, que efervescia cultural e economicamente e atraía gente de outras partes do país:

> No início da década de 1890 havia mais de meio milhão de habitantes, dos quais apenas a metade era natural da cidade; os demais vinham de outras províncias, como Bahia, Minas Gerais, Pernambuco e São Paulo. (Diniz, 2006, p. 18)

Era uma época de modernização da cidade. Foram criados diversos espaços de entretenimento e lazer, como teatros, salas de cinema, bares, cafés, e, por consequência, a cultura musical foi desabrochando.

Nesse contexto, nasceria o samba, ilustre filho do Brasil. Vamos estudá-lo, por meio dos ritmos que lhe deram origem.

Durante toda a era colonial, as manifestações musicais dos africanos escravizados, Brasil afora, eram rotuladas pelos europeus simplesmente como *batuques*. Tratava-se, em sua grande maioria, de danças em roda de origem angolana e congolesa, com palmas ritmadas, tambores e canto responsorial (o cantor cantava uma frase e a roda respondia, em coro). Dessas primeiras rodas de batuque, originadas principalmente no Nordeste e no Rio de Janeiro, derivaram os principais ritmos e danças de nosso país (Lira Neto, 2017).

No século XIX, o desenvolvimento dos centros urbanos propiciou a convivência constante entre diferentes grupos e classes sociais, o que daria origem à mescla entre as danças de salão e a música europeias com os batuques africanos. Como afirma Diniz (2006, p. 21), "A música popular urbana brasileira é resultado da confluência cultural de três etnias: o índio, o branco e o negro, dos quais herdamos todo o instrumental, o sistema harmônico, os cantos e as danças".

Um novo estilo de música e de dança gerado por essa mescla foi o *lundu*: "o avô do samba". Ele se caracterizava pelo canto, pelas palmas, pelo estalar dos dedos e pela umbigada (casais encostando os umbigos, uns nos outros). Pouco a pouco foi se popularizando nos bares e nos salões do Rio de Janeiro e se abrasileirando, passando a ser chamado de *lundu-canção* (Diniz, 2006).

A primeira canção gravada no Brasil foi um lundu, chamado *Isto é Bom**, escrito por Xisto Bahia e lançado em 1902 pela Casa Edison. Ao ouvi-la, podemos notar claramente a semelhança de seu ritmo com o estilo que se tornaria, em anos posteriores, o samba propriamente dito.

Junto com o lundu, as canções populares chamadas de *modinhas* foram se tornando a base da cultura musical da época e, no final do século XIX, já se havia formado, nas cidades, a tradição das serestas, quando músicos saíam pelas ruas, bares e lares, tocando modinhas românticas. Algumas modinhas eram versões musicadas de poemas de grandes poetas brasileiros.

---

* Pode ser encontrada no YouTube, sob o título *Isto é bom*.

Vale mencionar, também, o choro, ou chorinho, gênero nascido no Rio de Janeiro, por volta de 1870. Era uma música instrumental de execução elaborada e virtuosa que se inicia na classe média-baixa, mas que ganha espaço nos saraus da elite. Os instrumentistas, denominados *chorões*, tocavam vários estilos populares, como polcas, tangos, maxixes, xotes e marchas, de modo abrasileirado.

> *Esses grupos de instrumentistas populares executavam, ao sabor da cultura afro-carioca, os gêneros europeus mais em voga. O jeito de frasear foi cultuando, nos cavaquinhos, violões e flautas, a base do choro e os primeiro passos de nossa musicalidade.* (Diniz, 2006, p. 24)

Também na segunda metade do século XIX surge o maxixe, o qual continha elementos do lundu e da polca europeia. Diferentemente da dança do lundu, "na qual todos participavam da roda cantando, dançando ou batendo palmas, no maxixe todos os pares dançam ao mesmo tempo [...]" (Diniz, 2006, p. 27).

O maxixe, sendo uma dança em casais, com uma característica sensual, às vezes referido como *tango brasileiro*, ganharia força e se tornaria o estilo mais popular no Rio de Janeiro, até ser posteriormente substituído pelo samba.

6.1.4 Cidade nova e a nova música

Como já mencionamos, o Rio de Janeiro do século XIX abrigava uma numerosa população afrodescendente, proveniente de várias partes do Brasil, sobretudo da Bahia. Esses grupos trouxeram consigo uma forte tradição musical e religiosa e foram estabelecendo-se notadamente na região chamada de *Cidade Nova*, local que seria batizado pelo compositor Heitor dos Prazeres de Pequena África.

Importantes pontos de encontro eram os terreiros das célebres baianas (ou "tias", como eram chamadas) iniciadas no candomblé, onde se reuniam músicos e boêmios, em festas recheadas com farta comida e intermináveis batucadas. Não por acaso, ali nasceriam alguns dos primeiros sambas, alguns deles compostos para os desfiles carnavalescos que acabavam de nascer.

Até então a palavra *samba* era sinônimo de farra, festejo, mas logo apareceram as primeiras referências a composições populares – mistos de choro, maxixe e batuque – como sambas. A primeira canção gravada e registrada como um samba foi feita numa festa na casa da tia Ciata, em 1916. Era *Pelo telefone*, uma composição de Donga e Mauro de Almeida que foi o tema carnavalesco mais popular daquele ano.

Importantes nomes desse movimento foram João da Baiana e Pixinguinha, que, junto com Donga, comporiam "a Santíssima Trindade responsável pela gênese da música popular brasileira moderna e urbana" (Lira Neto, 2017, p. 57).

Juntos, esses negros e mestiços pobres encontrariam sua própria voz e identidade, reservando para si um lugar na sociedade. Receberiam aplausos e fama cada vez que seus sambas fossem cantados, em todos os cantos da cidade.

Figura 6.3 – O pandeiro, instrumento essencial do samba

lhmfoto/Shutterstock

Ainda assim, cabe mencionar que boa parte das classes média e alta (majoritariamente brancas) associava a cultura negra com a vadiagem e a marginalidade. Como consequência, o "samba de raiz", que vimos anteriormente, era visto com reserva. Já o samba de compositores brancos e cultos, como Ary Barroso, tinha muito mais incentivo e espaço na elite carioca.

Nesse contexto, acontece o fenômeno que o professor José Roberto Zan (2018) chama de *higienização do samba*. Em uma época em que o governo de Getúlio Vargas pregava a valorização do trabalho e dos bons costumes, o samba do malandro com navalha no bolso só era bem-visto se fosse "higienizado", ou seja, arranjado de modo mais orquestral, mais europeu e menos percussivo, menos negro. Esse é o samba ufanista, patriota, que passou a ser exaltado pela mídia e pelas autoridades como símbolo nacional. Esse samba de exportação, com arranjos glamurosos, "vendia" uma imagem idealizada do Brasil ao exterior. Aí aparece mais uma razão que explica a importância tão grande que o samba assumiu na formação da identidade brasileira (Zan, 2018).

Um dos exemplos mais significativos dessa ramificação do samba é a canção *Aquarela do Brasil* (1939), de Ary Barroso, que se tornou quase um segundo hino nacional (Zan, 2018).

Os arranjos refinados desse tipo de samba eram feitos por músicos de formação erudita, que tinham buscado trabalho na próspera indústria fonográfica e do rádio (Zan, 2018).

Na cronologia da música popular brasileira, percebemos que essa mistura entre samba e orquestra prepararia, entre outros fatores, o terreno para o nascimento da bossa nova (Zan, 2018).

6.1.5 Samba como fusão de Europa e África

Para entender as contribuições do samba na esfera musical, vale relembrar os aspectos básicos da música, que são: melodia, harmonia e ritmo.

A **melodia** é a sequência de notas individuais, que pode ser cantada ou tocada com algum instrumento. A **harmonia** é a sequência e a combinação de notas simultâneas que se organizam como acordes. O **ritmo** é a marcação do andamento, do tempo da música, que indica sua velocidade e intensidade e que, geralmente, é realizado por meio de algum instrumento de percussão.

No Brasil, a fusão entre diferentes culturas musicais uniu duas fortes tradições: a europeia, caracterizada por um alto desenvolvimento na harmonia e na melodia, e a africana, caracterizada essencialmente pela riqueza rítmica. O resultado foi um estilo que foi evoluindo em todos os três elementos, de uma forma nunca vista. Foi uma criação brasileira, ainda que suas raízes tenham sido europeias e africanas.

Um exemplo bem marcante de complexidade percussiva é o samba-enredo, cujo ritmo é executado pelas baterias de escolas de samba, as quais funcionam praticamente como uma orquestra de percussão e nas quais há uma quantidade imensa de instrumentos precisamente sincronizados.

Após essa breve análise musical do samba, veremos a seguir um ponto importante no que se refere à temática de suas letras.

6.1.6 A figura do malandro e a identidade nacional

Por volta dos anos 1920, surge um novo personagem que se tornaria emblemático na história do samba e na formação da identidade nacional: o malandro.

Um fator essencial para entender o nascimento da malandragem é a forte desigualdade social inerente ao modelo colonial estabelecido no Brasil, caracterizado por um sistema escravocrata e elitista, com uma divisão de classes bastante vertical.

Nesse sentido, a cidade do Rio de Janeiro se apresentava como um microcosmo do país: notava-se esse contraste extremo entre a classe alta, letrada, e a maioria pobre e analfabeta. Para termos uma ideia, embora os republicanos tivessem como meta expandir o alcance da educação pública, a taxa de analfabetismo no país, em 1920, ainda chegava ao alarmante número de 75% (Leite, 2011).

Essa desigualdade se agravou a partir da abolição da escravidão, em 1888. Ali surgiu um novo problema, extremamente complexo: Qual seria o lugar dos ex-escravos na sociedade brasileira? Eles foram libertados em teoria, mas, como não havia um plano, ou estratégia concreta para sua inclusão social, continuavam "escravos", na prática, de um sistema segregativo. Eles não tinham propriedades nem educação escolar, eram discriminados pela cor da pele, pela forma de falar etc. Dependiam do trabalho informal e mal remunerado.

Aboliu-se a escravatura, mas não havia "qualquer espécie de compensação pelos quase quatrocentos anos de cativeiro imposto aos africanos e seus descendentes" (Lira Neto, 2017, p. 23).

Frente a tal dilema social – uma população pobre e analfabeta crescendo a cada dia –, a preocupação das elites e autoridades cariocas se limitava a tentar impedir que o crime e a "vadiagem", como era chamada, tomassem conta do Rio de Janeiro.

Essa preocupação era antiga. No Código Criminal do Império (1830), a vadiagem e a mendicância já figuravam como crime (Brasil, 1830). No Código Penal posterior, de 1890, havia dois capítulos sobre o assunto, intitulados *Dos mendigos e ébrios* e *Dos vadios e capoeiras* (Brasil, 1890, Capítulos XII e XIII).

O fato é que não havia emprego para todos, e os pobres precisavam sobreviver de algum jeito, recorrendo ao trabalho informal. E a linha que separava o trabalho informal honesto do trambique e das atividades ilegais era, às vezes, muito tênue.

Quem era, então, o malandro? Para as elites, era aquele sujeito vadio, boêmio, sem emprego formal. Era o vagabundo, o delinquente. E se fosse músico, pior! Era ainda mais malvisto pelas autoridades.

Os músicos populares, por sua vez, usavam suas canções como defesa e ali tinham a oportunidade de expressar sua própria visão da coisa, a visão do malandro. Essa é a temática de vários sambas das décadas de 1920 e 1930. Neles, o malandro é, às vezes, retratado de modo quase inocente, outras vezes, com ironia e humor. Era um sujeito simpático, esperto, bom de lábia, que se orgulhava de sua capacidade de "se virar", fazendo bicos e ganhando "uns trocos". Não era uma pessoa criminosa ou violenta.

Mas, afinal de contas, o malandro é desonesto ou não? Depende do malandro e depende do ponto de vista. Se levada ao extremo, a malandragem pode, sim, acabar em crime, vício e decadência. Mas, como a capacidade de improvisar e conviver em um ambiente adverso, ela se mostra como uma técnica de sobrevivência e adaptação para os menos favorecidos, um talento, uma arte. Essa malandragem é a mãe do jeitinho brasileiro que estudamos no capítulo anterior.

Na década de 1930, o personagem do malandro havia ganhado seu lugar no imaginário nacional, tornando-se, inclusive, protagonista de uma das polêmicas mais famosas da música popular brasileira.

6.1.7 Polêmica entre Noel Rosa e Wilson Batista

Uma polêmica famosa na história do samba dos anos 1930 ocorreu entre os compositores Noel Rosa e Wilson Batista. Em 1933, Wilson Batista compôs o samba *Lenço no pescoço*:

> *Eu tenho orgulho em ser tão vadio/Sei que eles falam deste meu proceder/Eu vejo quem trabalha, andar no miserê.* (Batista, 2013)

Fica fácil entender que o compositor está fazendo apologia ao malandro e justifica, com orgulho, seu proceder.

Noel Rosa não tardaria em responder, de maneira irônica, com o samba *Rapaz folgado*, a essa associação do malandro com a vadiagem:

> *Malandro é palavra derrotista/ [...] Proponho ao povo civilizado/Não te chamar de malandro / E sim de rapaz folgado.* (Rosa, 2013)

Depois dessas, outras canções de réplica surgiriam de um para o outro, como *Mocinho da vila*, de Wilson (Batista, 2013), seguida por *Feitiço da vila*, de Noel (Rosa, 2013), em uma série de provocações entre os dois artistas que frequentavam os mesmos ambientes e compartilhavam certa amizade.

Ainda que Noel, aparentemente, quisesse mostrar ao mundo outra imagem de malandro, como se achasse vergonhoso associá-lo aos delinquentes, é mais provável que sua letra não passasse, simplesmente, de uma provocação a Wilson (possivelmente em razão de uma disputa pela mesma mulher), já que, na verdade, o próprio Noel tinha um fascínio pela liberdade do malandro, como evidenciado na letra de *Capricho de rapaz solteiro*:

> *Nunca mais esta mulher/Me vê trabalhando/Quem vive sambando/Leva a vida para o lado que quer/ […] Ser malandro é um capricho de rapaz solteiro.* (Rosa, 2018)

Nessa canção, ele ilustra que ser solteiro – e malandro – pode ser vantajoso, em razão da liberdade de não ter de trabalhar e "levar a vida para o lado que quer".

6.1.8 Homenagem ao malandro

Quatro décadas mais tarde, Chico Buarque de Holanda lançaria uma canção chamada *Homenagem ao malandro* (1978). No início da letra, ele diz que foi à Lapa em busca do autêntico malandro, mas que não o encontrou, pois já não existia. Logo prossegue retratando outro tipo de malandro, o tipo desonesto, o político, que ocupou o lugar do original:

> *Malandro candidato a malandro federal/ […] que nunca se dá mal.* (Holanda, 1978)

Por fim, faz uma homenagem ao verdadeiro malandro, que, agora, precisa sobreviver em outro contexto, como homem trabalhador:

> *Mas o malandro para valer, não espalha/ [...] Dizem as más línguas que ele até trabalha/ Mora lá longe, chacoalha, no trem da central.* (Holanda, 1978)

Nessa letra, Buarque acrescenta ainda mais nuances a essa figura do malandro que estamos estudando: ele aparece como o político corrupto que se finge de homem honesto e como aquele "ex-malandro" que teve de abandonar a vadiagem e trabalhar como cidadão de bem.

O fato é que, independentemente de qualquer julgamento moral, a malandragem figura como elemento fundamental de nossa história cultural.

seispontodois
Características gerais da musicalidade brasileira

Como vimos, o processo histórico de formação do Brasil deu origem a um contexto cultural que se caracteriza por alguns elementos fundamentais. Entre eles, podemos citar a informalidade (como explanado no Capítulo 5), logo a subversão, a irreverência e, por último, a festividade.

Existem vários ângulos para analisar a festividade inerente à nossa cultura. Por um lado, isso faz parte do legado indígena, de seu modo de vida livre e espontâneo, avesso a regras demasiado rígidas e guiado pelos ritmos da natureza. Por outro lado, herdamos a alegria da cultura negra, expressa em tantas danças e estilos musicais. Os portugueses nos deixaram a tradição da música europeia, tanto erudita quanto popular, e algumas de suas festividades, como as festas juninas e o carnaval, mas que passariam por grandes transformações, próprias da mistura e da flexibilização das tradições, que acontecia no novo mundo.

Alia-se a isso uma criatividade espontânea, que não se atém tanto e, muitas vezes, até desconhece as tradições artísticas precedentes. Até porque estamos falando de povos com origens totalmente diferentes, e no caso de índios e africanos, de detentores de uma cultura baseada na tradição da oralidade, e não em um cânone artístico estabelecido.

Nossos primeiros artistas conseguiram, ao mesmo tempo, ser fiéis (até certo ponto) à tradição oral recebida de seus ancestrais e também criar estilos totalmente novos, fruto de experiências cotidianas e de mesclas com elementos do exterior (como foi o caso da apropriação de elementos do jazz, por músicos brasileiros, nos anos 1950).

A seguir, veremos exemplos de particularidades da música brasileira.

Atitude do público: assistir passivamente ou participar?

No formato tradicional de espetáculo, como a música de câmara europeia, os convidados assistem os músicos tocarem e aplaudem no final. Já na cultura musical brasileira, o público costuma assumir uma postura mais participativa frente ao artista. É uma herança que vem, sobretudo, dos costumes tribais africanos, mas também indígenas. Nos cantos de roda, todos, ou quase todos, batem palmas, dançam e cantam. Daí ser tão forte no público brasileiro, o costume de acompanhar a música de maneira ativa, seja cantando, seja dançando ou batucando na mesa etc. A relação que se estabelece entre artista e público é próxima, intimista, familiar. Todo mundo é de casa, "é só chegar".

Podemos citar como exemplo a letra de *Casa de bamba*, de Martinho da Vila: "Na minha casa todo mundo é bamba/Todo mundo bebe, todo mundo samba" (Vila, 1968; Casa de Bamba Martinho da Vila Warner Chappell Music Edições Musicais Ltda.).

Também vale citar que, em muitas letras de samba, encontramos a exaltação da mulata que dança. Ela não deve ficar sentada assistindo, ela tem de "entrar na roda".

A roda de samba! Um elemento tão brasileiro, encontro informal e descontraído, que pode acontecer em qualquer lugar, na praia, na rua ou no botequim, onde cada um participa à sua maneira.

Música alegre, brincalhona, com toques de malícia e ironia

Uma característica marcante de nossa música, desde seu nascimento, é o tom de alegria, bom humor, piada, ironia e malícia, uma abordagem destacada entre as temáticas tratadas nas letras. Por exemplo, o samba *Pelo telefone* (gravado em 1916) faz uma brincadeira irônica na qual o chefe da polícia estaria fazendo propaganda de um jogo de azar, ilegal (Donga; Almeida, 1917).

Música que transforma tristeza em beleza

Temos também, é claro, expressões mais profundas, sentimentais e poéticas que, em alguns casos, mostravam o processo artístico de catarse, de transformar dor em alegria. Como diz Caetano Veloso (1993), "o samba é pai do prazer, o samba é filho da dor".

Vinícius de Moraes, na canção *Samba da Bênção*, diz: " Mas pra fazer um samba com beleza/É preciso um bocado de tristeza" (Powell; Moraes, 1967).

Música como voz de crítica às injustiças sociais

Outra temática bastante frequente nas letras de samba e da MPB em geral é a crítica social.

Existem inúmeros exemplos desse tipo de letra, mas vamos citar aqui a canção *Filosofia*, de Noel Rosa (1933): "Quanto a você, da aristocracia, que tem dinheiro, mas não compra alegria/Há de viver eternamente sendo escravo dessa gente que cultiva a hipocrisia".

Improvisação vocal e percussividade do canto brasileiro

Em nossa música se utiliza muito a voz como instrumento melódico que cria melodias espontaneamente, e não se limita a cantar a letra da música, como os *laiálaiá, teteteretê, pararà* etc.

A expressão melódica e rítmica da voz evolui de tal forma que a própria letra, muitas vezes, não é o mais importante. Em alguns casos, a melodia improvisada é tão rica que já cumpre um papel, já transmite algo, proporciona um desfrute artístico ou mesmo uma atmosfera festiva, dançante, que não se faz necessário uma história ou mensagem. Um belo exemplo disso é a canção *A rã*, na gravação de João Donato (1973).

Além do improviso melódico, na música brasileira há muitos exemplos da voz se expressando como instrumento percussivo. As consoantes e as vogais se combinam especialmente para esse fim. Como exemplo, temos: *Semba*, de Zeca Baleiro (1999):

> *Que mai que tu qué?/Nada te contenta/Nem ouro nem prata/ Nada te contenta / Cafuné nem tapa/Nada te contenta/Nada te contenta mano/Mano vê se tu te toca/Que mai que tu qué?/ Se tu qué nóis troca/tudo que tu qué tu tem.*

Outro exemplo é *Trem das onze*, de Adoniran Barbosa. A melodia cantarolada pode ser encontrada em diferentes versões, na interpretação de diferentes artistas. Algumas seriam: "La iá laiá laiá/tuturu ruru / tuturu ruru / tuturu ruru", no original de Adoniran Barbosa; "Vai zai zaizai zaiza/pascali gudum/pascali gudum/pascali gudum", na interpretação do Grupo Fundo de Quintal; "Quais quais quaisquais quaisquais/quaisquali gudum/ quaisquali gudum/quaisquali gudum", na interpretação de Zeca Pagodinho.

seispontotrês
Modernismo no Brasil e a antropofagia

Gostaríamos de mencionar, ainda que brevemente, um evento que representa um marco na história da cultura brasileira. Trata-se da Semana da Arte Moderna, que aconteceu em 1922, em São Paulo (cidade que ia se tornando outro polo cultural brasileiro). Entre 11 e 18/02 daquele ano, artistas e estudiosos se reuniram para realizar palestras sobre arte, espetáculos musicais, declamação de poesia e exposições de pintura e escultura.

A Semana de 22 "oficializou" no Brasil o movimento modernista, o qual já vinha se desenvolvendo na Europa desde o final do século XIX. Os inquietos artistas vanguardistas defendiam a criação de uma arte nova, diferente, experimental, livre dos rígidos padrões estéticos e literários tradicionais.

Um dos principais promotores do movimento modernista no Brasil e da Semana de 22, foi o escritor e dramaturgo Oswald de Andrade. Ele lançaria, em 1928, o "Manifesto Antropófago" (ou Antropofágico). O termo *antropofagia* se refere ao ato de comer carne humana. Seu sentido original é uma prática ritualística realizada por algumas tribos indígenas, fundamentada na crença de que comer a carne de outra pessoa permitiria absorver suas qualidades.

Ao utilizar esse termo no contexto cultural, Oswald propunha a ideia de "devorar" ou absorver as influências culturais estrangeiras, mas sem perder de vista as especificidades da cultura nacional. Como o indígena que "devora" o colonizador (absorvendo algumas de suas qualidades), sem ter de submeter-se a ele. Uma "descolonização artística", que visava libertar o Brasil da submissão à tradição cultural europeia. O movimento se opunha ao eurocentrismo na arte, que havia imperado até então, e considerava essencial incluir, nas manifestações artísticas, elementos mais autênticos e conectados à realidade do Brasil e da modernidade.

O movimento antropofágico e o modernismo brasileiro estavam em busca, na verdade, de definir uma *identidade cultural brasileira*, que até então não estava bem desenvolvida (ou não tinha consciência de si?). Tal identidade não tinha de ser extremamente nacionalista, ela seria formada pela utilização de elementos estrangeiros, mas sem deixar de lado a brasilidade.

Por um lado, podemos dizer que a intenção libertadora dos modernistas deu seus frutos, já que, a partir dessa época, surgiria um gradual "abrasileiramento" de nossa arte, uma tendência a inserir mais elementos regionais e folclóricos, indígenas e africanos. Houve também uma inovação nunca vista, tanto na forma quanto no conteúdo.

Por outro lado, autores mais pessimistas podem considerar que o que realmente aconteceu foi a "substituição" de um colonizador por outro: do europeu pelo norte-americano, que entraria em cena a partir dos anos 50, influenciando fortemente a maneira de se fazer música no mundo todo.

Falando mais no sentido cultural do que no sentido político (no qual uma sociedade tende a dominar outra, como está demonstrado pela história), podemos dizer que todo elemento cultural "novo" tem de surgir da *mistura* de dois ou mais elementos diferentes. A influência de outras formas de arte, muitas vezes advindas de culturas estrangeiras, pode enriquecer a produção artística de um povo, sem, necessariamente, ter de apagar a riqueza da cultura local. Essa foi a prerrogativa do movimento antropofágico: saber assimilar o que vem de fora, mas sabendo digerir e, logo, produzir algo próprio, com a própria identidade.

Aproveitemos para fazer uma pequena reflexão sobre esse ponto. Afinal, existe arte 100% nacional? Existirá alguma cultura ou nação totalmente pura, que não tenha sofrido nenhuma miscigenação em nenhum momento de sua história? Talvez, em uma ilha isolada, longínqua... Em um passado onde não havia televisão ou internet... E no caso de que isso exista, será que essa cultura produzirá coisas novas ou tenderá a se estancar, com o passar do tempo, pela falta de inovação?

Aplicando essa reflexão ao contexto de um mundo globalizado, pós-televisão e internet, onde todos vão sendo – cada vez mais – influenciados por todos, é preciso questionar: O que é de quem? Será que a cultura tem dono? Será que existe pureza cultural? Ou será que estamos todos, mutuamente, influenciando-nos e sendo influenciados em um intercâmbio que vai tornando os ritmos e elementos culturais um patrimônio de todos? Será que estaríamos, mundialmente, sendo antropófagos culturais, graças à globalização? Interessante, não?

Não queremos, jamais, justificar ou defender a dominação de um povo sobre outro, como nossa história mostrou tantas vezes, mas sim reconhecer a inegável riqueza cultural que nasce a partir desses encontros: na música, na literatura etc. E, no Brasil, especialmente, ocorreu de maneira extraordinária.

Concluindo, a mistura tem o poder de gerar algo novo e criativo, do ponto de vista artístico, e um exemplo muito marcante disso é a bossa nova, tema que estudaremos a seguir.

seispontoquatro
Bossa nova: o jazz brasileiro

Durante toda a segunda metade do século XX até nossos dias, a cultura mundial passou a ser extremamente influenciada pela cultura norte-americana. Os Estados Unidos, alavancados no período pós-Segunda Guerra por um grande desenvolvimento econômico e tecnológico, foram capazes de desenvolver uma indústria de entretenimento fortíssima em todas as áreas: cinema, rádio e televisão.

Esses meios de comunicação, antes inexistentes, tornariam possível uma "colonização cultural" com um alcance global nunca visto.

Na cultura brasileira, essa influência tornou-se muito visível a partir dos anos 1960: por influência do *rock 'n roll* e do *soul*, nascidos nos Estados Unidos, surge o iê-iê-iê, também conhecido como Jovem Guarda, em razão do programa que esteve no ar na tevê Record entre 1965 e 1968, e, posteriormente, o *rock* nacional.

É nessa época, mais especificamente no fim dos anos 1950, que surge no Rio de Janeiro um novo estilo musical, também influenciado, em parte, pela cultura norte-americana: a bossa nova. Ela é uma fusão do ritmo do samba com elementos melódicos e harmônicos da música erudita e do jazz americano.

Do ponto de vista da cultura brasileira, foi uma fusão extremamente bem-sucedida, pois gerou um produto cultural inovador, original e de altíssima qualidade.

6.4.1 Nascimento da bossa nova

Costuma-se dizer que a bossa nova surgiu em 1959, com o disco *Chega de saudade*, de João Gilberto. No entanto, um movimento musical nunca nasce subitamente, do nada. Ele vai se desenvolvendo silenciosamente... assim como a planta que brota gradualmente, mediante as condições certas, ele necessita das condições sociais e históricas precisas para poder desenvolver-se e chegar ao seu auge, como a árvore que cresce até dar seus maravilhosos frutos pela primeira vez.

Assim também, um movimento artístico nunca nasce dos esforços de uma só pessoa. É como se seu gérmen fosse sendo plantado em vários artistas, como algo que brota do inconsciente coletivo porque tem de, inevitavelmente, acontecer. Ou porque só pode acontecer naquele momento, naquele lugar, naquelas condições, com aquelas pessoas.

Figura 6.4 – Cidade do Rio de Janeiro

Assim, a bossa nova só podia mesmo crescer, no Rio de Janeiro dos anos 1950. Se comparado a hoje, o ritmo de vida era mais tranquilo, mais simples, mais solto. Dizem os antigos que o tempo até passava mais devagar! Menos tempo gasto no trânsito, na TV ou no celular, mais tempo para socializar. Também está a questão do clima tropical, que permite uma vida ao ar livre. Uma vida cultural intensa e boêmia. Muitos encontros para conversar, beber, tocar... Havia tempo, mas acima de tudo, interesse em aprender a tocar, muito bem, um instrumento.

Mas, como dissemos, o nascimento de um estilo musical é gradual. Já no início do século, Pixinguinha e outros músicos brasileiros se interessaram pelo *jazz* e mostraram em suas obras sua influência. Nos anos 1940, Tom Jobim já fazia, em seu piano e em seu violão, experimentações com samba, Villa-Lobos, Debussy e *jazz*. Os violinistas Garoto e Vadico, entre outros, já vinham desenvolvendo há anos um jeito bem brasileiro de tocar violão, tanto no ritmo quanto na harmonia. Esses "jeitos novos" de tocar influenciariam o jovem João Gilberto, Tom Jobim e outros compositores, que, em seu conjunto, formariam esse movimento chamado *bossa nova*.

No disco *Chega de saudade*, João canta de uma forma suave, intimista e casual que, às vezes, é quase um sussurro. Como cantor, ele desafiou e revolucionou o padrão vigente na época, o das vozes fortes, dramáticas e empostadas. O "vozeirão" (herança do canto lírico). Seu estilo é minimalista e discreto, sem grandes pretensões. Essa forma de cantar é, para nós, ouvintes atuais, muito normal. Mas o que muitos não sabem é que ela foi, um dia, "inventada". Cantar não foi sempre assim. Esse cantar natural e espontâneo foi inventado pela bossa nova e fundou escola: são muitos os cantores que, hoje, usam esse estilo como inspiração, alguns até de maneira exagerada, sussurrada demais.

Segundo Gava (2002, p. 35-36),

> *João Gilberto claramente negou a tradicional figura do cantor estrelista e sentimental. Para tanto, introduziu o sentido de um camerismo musical popular (uma música mais delicada, composta e executada por poucos instrumentos, em ambientes pequenos e fechados), centrado num tipo de improvisação vocal mais natural e relaxada, num tom coloquial de canto, quase falado, e num tipo de acompanhamento sutil, à base de acordes compactos, de elevada tensão harmônica. Com essa alquimia,*

novos efeitos sonoros tornaram-se possíveis, tanto os rítmicos (centrados numa contínua instabilidade e deslocamento dos acentos) quanto os harmônicos (sugerindo um clima de identificação impressionista). Suas primeiras gravações, com seus tons intimistas, pretensiosos e sofisticados, introduziram uma nova categoria na música popular. João Gilberto, no uso e desenvolvimento de todos esses recursos, pode então ser considerado o intérprete que melhor tipifica o estilo e a filosofia da Bossa Nova.

João também foi revolucionário na forma de tocar: sua batida no violão é um samba simplificado, como imitando um tamborim, e os acordes são complexos e têm elementos do *jazz* e da música brasileira dos séculos XIX e XX. O canto se encaixa no ritmo de modo inusitado, às vezes quebrado, no contratempo.

Com isso, concluímos que a bossa nova não é um estilo fácil de tocar! Ela é exigente, tecnicamente falando, exige estudo e destreza. Também por essa riqueza técnica, tornou-se um estilo muito cultuado por músicos, mundo afora.

Entretanto, curiosamente ela é um estilo que consegue agradar tanto os músicos mais estudiosos quanto o ouvinte mais leigo. Essa é uma façanha da bossa nova, mas sobretudo, de toda grande obra de arte: ela consegue ultrapassar as diferenças linguísticas e culturais e até desfazer, por um momento, as barreiras humanas, o abismo entre letrados e iletrados, entre ricos e pobres etc. A arte verdadeira tem um apelo humano universal e, por isso, perdura.

A bossa nova se encaixa perfeitamente nessa descrição, pois une complexidade elitista à sonoridade muito simples, popular, natural. Uma beleza fácil, evidente, democrática, eterna. A bossa é uma linguagem musical atemporal e sem fronteiras, ela é feita até hoje, em vários idiomas, em diferentes lugares do mundo. Em qualquer época. Ela é patrimônio artístico da humanidade inteira. É de quem quiser, é de quem ouvir, é de quem gostar.

Gava (2002, p. 19) faz uma interessante descrição da bossa nova, como

> *arrojada, avançada e pretensiosa—uma certa alquimia entre música de câmara, jazz moderno e samba; um novo gênero de música brasileira que, tão logo inaugurado, já havia conquistado os Estados Unidos, a Europa e o Japão. Uma música feita com acordes "dissonantes" e desenho rítmico delicado; amorosa, mas sem dramalhão; sofisticada, mas sem pedantismo de poesia; de letras simples e coloquiais, mas de forma alguma carentes de poesia.*

Outra característica da bossa nova é sua leveza. É como se ela refletisse a paisagem onde nasceu, o mar e o céu azul daquele Rio de Janeiro dos anos 1960. A brisa, os pássaros, a natureza, a inocência, o romantismo, foram fonte de inspiração para Tom Jobim, entre outros compositores do gênero. Muitos consideram a bossa nova como uma terapia antiestresse.

Exemplos disso são as canções como *O barquinho*, de Roberto Menescal e Ronaldo Bôscoli (1963), e *Corcovado*, de Tom Jobim (1960).

Figura 6.5 – Estátua de Tom Jobim, praia de Ipanema, Rio de Janeiro

Mas a bossa, apesar de ser natureza, também é sofisticação urbana, é elegância, é refinamento cultural e intelectual. Com sua sonoridade rica e inovadora, ela conquistou os ouvidos mais exigentes do Brasil e do mundo. Segundo um recente levantamento do Escritório Central de Arrecadação e Distribuição (Ecad)*, houve uma mudança na liderança do *ranking* das músicas brasileiras mais gravadas, e a canção *Garota de Ipanema*, de Tom Jobim e Vinícius de Moraes, tornou-se a música brasileira mais gravada de todos os tempos. Isso demonstra que o poder desse

---

* O Ecad é a entidade brasileira responsável pela arrecadação e distribuição dos direitos autorais das músicas aos autores e demais titulares.

estilo no cenário cultural mundial nunca foi alcançado por outro estilo musical brasileiro.

Entretanto, não podemos deixar de reconhecer o valor artístico que foi produzido por movimentos musicais posteriores à bossa nova, que ainda que tenham tido menos impacto internacionalmente, são manifestações artísticas de extrema qualidade e criatividade.

seispontocinco
MPB e algumas canções emblemáticas do ponto de vista linguístico

É impressionante o impacto musical que nossa cultura viveu na década de 1960, pois, como se não bastasse a bossa nova, essa década também deu origem, a nada mais, nada menos, que a MPB – a música popular brasileira.

Atentemos, por um momento, a essa sigla, já que não é tão óbvio de entender e definir. Para Saldanha (2008, p. 8), "o conceito de MPB não é totalmente claro, e pode gerar más interpretações se não for tomado algum cuidado ao se lidar com ele. A sigla é formada pelas iniciais de Música Popular Brasileira, mas seu significado não deve ser encarado de forma tão ampla". E não há um consenso por parte dos pesquisadores de música em sua definição.

A MPB pode ser relacionada não apenas com o repertório dos festivais da canção dos anos 1960 e com certas produções derivadas da bossa nova, a partir dos anos 1960, mas também com produções mais modernas dos anos 1990 em diante, as quais poderiam ser definidas como nova MPB (Saldanha, 2008).

Fato é que houve, com o passar do tempo, certa modificação do significado da sigla MPB e um processo gradual de institucionalização dela no campo musical brasileiro (Saldanha, 2008), por isso o entendimento da sigla pode ser variável e discutível.

A MPB é apenas um estilo musical? Não exatamente, apesar de o termo ser comumente usado assim. Podemos defini-la como um gênero, uma categoria musical mais ampla, que abrange vários estilos que têm em comum sua brasilidade, seu caráter popular e a temática de crítica social, que surgiu como um movimento e, depois, foi se consolidando como um gênero musical. Como explica Saldanha (2008, p. 8), "o rótulo MPB passou a servir não só como classificação de um tipo musical, bem como um selo de qualidade. MPB designaria uma música mais refinada, adulta, pronta para o consumo das elites".

Dos anos 1990 em diante, com o surgimento de novas tecnologias e linguagens musicais, a MPB foi se diversificando e incorporando certos elementos diferentes dos que estavam presentes em sua origem e uma sonoridade mais *pop*, até mesmo elementos do *hip-hop*. Portanto, a nova MPB, ou a MPB contemporânea, é até mais difícil definir do que aquela MPB das canções de protesto dos anos 1970, pois ela se tornou muito mais versátil e variada. Alguns exemplos de artistas são: Marisa Monte, Arnaldo Antunes, Carlinhos Brown, Ana Carolina, Seu Jorge, Jorge Vercilo, Maria Rita e, mais recentemente, Anavitória, Silva, Rubel, entre outros.

Essa discussão sobre a história e os significados da MPB pode gerar muitas páginas e, para aprofundar o assunto, recomendamos a pesquisa de Rafael Machado Saldanha, *Estudando a MPB – reflexões sobre a MPB, nova MPB e o que o público entende por isso* (Saldanha, 2008). Para colaborar com nosso estudo, veremos aspectos importantes em sua formação.

Foram de vital importância para o surgimento da MPB os festivais da canção que tiveram seu auge no fim dos anos 1960. Esses eventos musicais, transmitidos pela televisão, provocavam um grande envolvimento do público, que "vestia a camisa" para torcer por seu cantor e/ou música preferida.

O primeiro foi realizado em 1965, em São Paulo, pela TV Excelsior. Em razão do sucesso atingido, já no ano seguinte houve uma segunda edição, com enorme repercussão. Por isso, outras emissoras, como a TV Globo e a TV Record, decidiram investir em eventos semelhantes.

Os festivais tornaram célebres alguns dos maiores compositores e intérpretes de nossa música, como Chico Buarque, Caetano Veloso, Gilberto Gil, Edu Lobo e Elis Regina.

Uma característica importante da MPB é que ela tem um cunho mais político do que a bossa nova, considerada, na época, por universitários, artistas e intelectuais engajados, como uma música superficial e alienada (isso também se dizia sobre a Jovem Guarda, que tratava de temáticas mais ligadas a festas, paqueras etc.).

É importante ressaltar que o cenário sociopolítico da época contribuiu muito para a crescente politização da arte, sobretudo a ditadura militar, que começou em 1964. O Ato Institucional n. 5

(AI-5), no ano de 1968, foi o quinto e o mais duro dos 17 decretos estabelecidos pelo governo militar e concentrou um enorme poder nas mãos do Estado (inclusive de tortura) e suspendeu direitos civis importantes, como a possibilidade de se manifestar politicamente.

Figura 6.6 – Imagem de soldados, como referência à ditadura militar

Goncharov_Artem/Shutterstock

No quesito cultural, a medida mais impactante foi em relação à censura de obras de música, cinema, teatro e televisão e a censura da imprensa. Toda obra artística estava sujeita à avaliação governamental. Somente se fosse aprovada, poderia ser levada ao público e aos meios de comunicação.

O ambiente era de extrema tensão e medo. Muitas pessoas que se opunham ao governo vigente, e/ou se identificavam com ideologias de esquerda, foram capturadas, torturadas e mortas. Vários artistas e intelectuais foram exilados do país, como Caetano Veloso e Gilberto Gil, em Londres. Chico Buarque era alvo constante da censura, por isso passou a usar o pseudônimo

Julinho da Adelaide para que suas obras fossem aprovadas com mais facilidade.

Em uma viagem a Roma com a então esposa Marieta Severo, ele descobriu que, se voltasse ao Brasil, seria preso. O músico, então, decidiu ficar na Itália, em um autoexílio, entre 1969 e 1970. Lá, compôs as canções: *Samba e amor* (1970), *Apesar de você* (1970), *Agora falando sério* (1970) e *Samba de Orly* (1971).

São desse compositor duas das mais emblemáticas letras da MPB, as quais estudaremos a seguir.

6.5.1 *Cálice*, de Chico Buarque

Chico Buarque de Holanda é um artista que se referiu à ditadura em várias de suas letras, de maneira irônica, sutil e até engraçada. Para driblar a censura, ele desenvolveu uma linguagem musical única, rica em recursos linguísticos inusitados e inteligentes, o que podemos perceber em canções como *Acorda, amor* (1975) e *Meu caro amigo* (1977), sobre seu exílio forçado.

A seguir, analisaremos a canção *Cálice* (1979), na qual o autor escreve uma letra ambígua, que diz uma coisa, mas quer dizer outra, para que as autoridades da censura permitam sua publicação.

A frase "afasta de mim esse cálice", aparentemente, trata de uma questão religiosa, de um cristão que pede para que se afaste dele a tentação. Mas se tomamos sob a perspectiva da homofonia*,

---

* "Palavras homófonas são palavras pronunciadas da mesma forma, mas escritas de forma diferente, apresentando significados diferentes. Assim, apresentam grafia e significação diferentes, mas possuem a mesma fonética" (Neves, 2022).

podemos traduzir como "afasta de mim esse cale-se", significado que encaixaria muito bem no contexto da censura, no qual o autor se sente "silenciado" pelas proibições, impedido de se manifestar. Essa interpretação poderia ser corroborada pelos próximos versos da canção:

> *Como beber dessa bebida amarga?/Tragar a dor, engolir a labuta?/Mesmo calada a boca, resta o peito/Silêncio na cidade não se escuta / Como é difícil acordar calado / Se na calada da noite eu me dano/Quero lançar um grito desumano/Que é uma maneira de ser escutado.* (Holanda, 1979)

6.5.2 *Construção*, de Chico Buarque

Essa é uma obra que expressa, por meio da arte e de um recurso linguístico, um sentimento humano, um apelo, ante uma condição de opressão.

Essa composição se apresenta, à primeira vista, simplesmente como o relato trágico da morte de um trabalhador da construção civil. Entretanto, analisando-a mais detidamente, podemos perceber que, na narrativa, há uma série de questões mais complexas: uma delas seria uma crítica velada à precariedade das condições de trabalho às quais estavam submetidos milhares de brasileiros menos favorecidos economicamente.

O compositor expõe, por meio de ricos recursos linguísticos, uma questão socioeconômica: a banalidade da vida humana, especialmente no contexto de uma sociedade capitalista, na qual o que mais vale é a produtividade.

Em segundo lugar, muito além de referir-se apenas ao contexto social e político da época, a canção *Construção* é uma obra artística universal, com a qual qualquer pessoa pode se identificar, já que retrata, com ironia e crueza, uma questão existencial. Ali a condição humana é mostrada em seu lado trágico e desprovido de sentido.

Uma grande sacada linguística dessa obra é que, assim como o conteúdo se refere a uma construção no sentido literal, no sentido figurativo, podemos dizer que o autor utilizou as palavras como tijolos que ele foi trocando de lugar na canção. São palavras que se repetem, porém em versos diferentes. Todas são proparoxítonas e são sempre colocadas no fim das frases, exatamente como um tijolo da medida exata para que possa encaixar na estrutura.

Vejamos alguns versos da canção:

Sentou pra descansar como se fosse sábado/Comeu feijão com arroz como se fosse um príncipe / Bebeu e soluçou como se fosse um náufrago/Dançou e gargalhou como se ouvisse música/ E tropeçou no céu como se fosse um bêbado/E flutuou no ar como se fosse um pássaro/E se acabou no chão feito um pacote flácido/Agonizou no meio do passeio público/Morreu na contramão, atrapalhando o tráfego. (Holanda, 1979)

Até esse ponto, o autor conta a história. Na sequência, ela se repete com um "rodízio" de palavras no final de cada frase. Todas elas proparoxítonas.

As palavras repetidas se movem entre as frases, mantendo a métrica e a melodia, mas alterando levemente o significado, de modo a trazer um novo sentido e enriquecer a história. Por exemplo, em "Comeu feijão com arroz como se fosse **um príncipe**" se torna "comeu feijão com arroz como se fosse **o máximo**".

O uso tão hábil desse recurso linguístico é uma das razões pelas quais essa canção se tornou tão conhecida mundialmente.

Essas canções nos mostram um uso perspicaz da língua, das palavras, das metáforas, transmitindo uma mensagem profunda, em ocasiões, filosófica, mas mantendo sempre uma beleza artística cativante, com um senso estético requintado. Essas são algumas das riquezas da música brasileira.

Síntese

Neste capítulo, abordamos um dos principais patrimônios artísticos da cultura brasileira e, como dissemos, da humanidade: a música brasileira.

A mistura dos vários povos e culturas que formaram o povo brasileiro gerou formas musicais muito criativas, apreciadas mundialmente e que transmitem um pouco da identidade do povo brasileiro.

Inicialmente, apresentamos um pouco sobre a história do samba, que nasceu no Rio de Janeiro, no início do século XX, pela fusão da rítmica africana, com a harmonia e melodia europeia. A cultura negra proporcionou os ambientes festivos, alegres e informais, que colaboraram para uma fusão de estilos e o nascimento do samba. O lundu, o maxixe, a modinha e o choro foram os principais estilos que precederam o samba nesse cenário musical.

Analisamos também o surgimento da figura do malandro, personagem clássico das letras dos sambas dos anos 1920 e 1930. Esse personagem, visto como vagabundo pelas elites, aparece no samba como um sujeito esperto, que sabe viver. Em nossa análise, ressaltamos que a existência do malandro se deve, em parte, à desigualdade social e ao preconceito que têm marcado nossa cultura, desde a época colonial até nossos dias.

Posteriormente, tratamos de aspectos notáveis da musicalidade brasileira: os ambientes festivos e informais; a atitude de participação do público na música; a música como brincadeira, catarse ou crítica social; os elementos técnicos da música, harmonia, melodia e ritmo; o uso da voz como instrumento melódico e percussivo.

Em seguida, estudamos a formação da bossa nova, estilo musical respeitado mundialmente, vertente mais sutil do samba que tem uma harmonia mais complexa, fruto da influência da música erudita e do jazz americano.

Por fim, analisamos o nascimento da MPB no contexto da ditadura militar. Depois, estudamos duas canções emblemáticas em termos linguísticos: *Cálice* e *Construção*, ressaltando, na primeira, o uso das palavras homófonas e, na segunda, um recurso sofisticado de substituição de palavras em versos simétricos.

> ## Indicação cultural
>
> NOEL, o poeta da vila. Direção: Ricardo Van Steen. Brasil: Pandora Filmes, 2006. 99 min.
>
> Este filme de Ricardo Van Steen retrata a trajetória do compositor Noel Rosa, passando pelos acontecimentos mais importantes de sua vida. A obra nos mostra o cenário boêmio do Rio de Janeiro do início do século, berço do samba.

Atividades de autoavaliação

1. Analise as afirmativas a seguir sobre possíveis fatores que contribuíram para o surgimento do samba.

   I. A variedade de etnias indígenas presentes no país, o que propiciou mais elementos criativos.
   II. A mudança da Corte portuguesa para o Rio de Janeiro, que propiciou um grande desenvolvimento cultural nessa cidade.
   III. A mistura entre elementos da cultura africana e europeia na cidade do Rio de Janeiro.
   IV. O isolamento das comunidades africanas, que conseguiram manter sua cultura livre de qualquer mistura.
   V. A formação da cidade nova, ou Pequena África.

   Assinale a alternativa que apresenta corretamente os itens que se referem aos fatores que contribuíram para o surgimento do samba:
   a. II, III e IV.
   b. II, III e V.

c. I, II e III.
d. I, III e IV.
e. II e V.

2. Analise as afirmativas a seguir sobre as características marcantes da musicalidade brasileira.

I. A percussividade no canto.
II. A formalidade nas apresentações.
III. A alegria e a festividade.
IV. O público participa ativamente.
V. A pouca importância dada ao ritmo.

Assinale a alternativa que apresenta corretamente os itens que se referem às características marcantes da musicalidade brasileira:

a. I, III e IV.
b. II, III e V.
c. I, II e III.
d. I, III e V.
e. II e V.

3. Assinale a alternativa que define a antropofagia proposta por Oswald de Andrade:

a. A absorção e reprodução da influência internacional como arte superior e mais desenvolvida.
b. A assimilação e o aproveitamento da cultura internacional, para, então, produzir uma arte própria, com a especificidade brasileira.
c. A revolta contra a hegemonia cultural europeia.

d. A única arte válida é aquela produzida com elementos exclusivamente brasileiros.
e. A defesa de uma arte tradicionalista, que não deve ser alterada.

4. Qual alternativa melhor enumera características da bossa nova?
a. Alta percussividade, ritmos complexos, crítica social.
b. Virtuosismo técnico: quanto mais notas, melhor.
c. Sofisticação, crítica social, forma dramática de cantar.
d. Leveza, sofisticação, criatividade.
e. Canto empostado, forte, com estilo lírico.

5. Analise as afirmativas a seguir sobre as características da MPB e marque V para as verdadeiras e F para as falsas.
( ) É um estilo muito influenciado pela cultura norte-americana.
( ) Mais que um estilo musical, é um movimento que abarca vários estilos.
( ) Letras pautadas por crítica social.
( ) Nasceu em meio à repressão da ditadura militar.
( ) Extrema preocupação com a parte técnica da execução e a virtuosidade.

Agora, assinale a alternativa que apresenta a sequência correta:
a. F, F, V, V, F.
b. V, V, V, V, F.
c. V, F, F, F, F.
d. F, V, V, V, F.
e. V, F, F, V, V.

Atividades de aprendizagem

Questões para reflexão

1. Reflita sobre a contribuição das culturas africanas na música brasileira, tomando como referência o samba, que serviu de influência para tantos outros estilos brasileiros. A percussão, os ritmos, a festividade, a alegria, a participação coletiva na música etc. Pense por um momento: Como seria a música brasileira se não houvesse a influência africana? Será que a música brasileira seria tão rica e considerada referência mundial? Portanto, quanto devemos aos nossos antepassados afro-brasileiros? Registre suas respostas em um texto escrito.

2. A tendência do brasileiro de participar, de alguma forma, da música que está sendo tocada pelos músicos é uma das características da música brasileira abordadas no capítulo. Seja cantando, batucando, batendo o pé, dançando, essa participação é um contraponto em relação ao modelo tradicional europeu, de sentar-se para assistir, em uma postura mais passiva. Qual é sua percepção sobre esse costume? Já viu acontecer em alguma situação? Será que pode ser considerado uma marca dos "modos de ser" dos brasileiros? Registre sua resposta em um texto escrito.

Atividade aplicada: prática

1. Faça uma pesquisa comparativa entre alguns estilos musicais brasileiros, que fizeram parte da linha evolutiva da música brasileira, em especial, o chorinho, o samba e a bossa-nova. Escute, no mínimo, três canções de cada um dos estilos e observe semelhanças e diferenças, principalmente no ritmo. Anote suas conclusões.

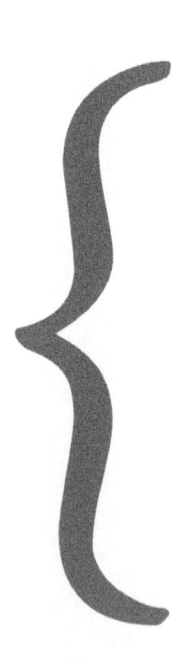

{

considerações finais

❦ NESTE ESTUDO, ANALISAMOS alguns aspectos e características da cultura brasileira e da língua portuguesa do Brasil buscando evidenciar as relações entre língua e cultura, explorar um pouco da vasta cultura de nosso país e reconhecer alguns de seus valores.

Iniciamos com conceitos de língua e cultura, para termos melhor visão sobre esses tópicos, assim como de suas inter-relações entre si e com o pensamento, na medida em que língua, cultura e pensamento constituem a vida humana em sociedade. Com base nesses pressupostos, dirigimos nosso olhar para a língua, a cultura e a sociedade brasileira com a intenção de ampliar nossa percepção a respeito de quem somos como povo, como indivíduos e da língua que nos acompanha.

Conhecemos a história da formação da língua portuguesa, dos encontros entre povos, culturas e línguas que se chocariam em muitas oportunidades, produzindo novas culturas. Também abordamos a evolução de uma nova língua, que não apenas atravessaria os séculos modificando-se, acomodando-se e absorvendo novos elementos, mas também mantendo sempre sua base latina original. Essa história culminou nas transformações no novo mundo, a América, com o encontro de povos de culturas e línguas muito diferentes entre si. Após os portugueses, os indígenas e os africanos, nasceria o brasileiro e, com ele, nasceria o português brasileiro.

Na sequência, tratamos das características desse povo novo por meio da comparação de sua língua com a de seu colonizador. Fizemos uma análise comparativa entre o português brasileiro e o português europeu nos níveis da gramática: fonético-fonológico, morfossintático, léxico-semântico e pragmático. Explicamos, ainda, a mudança nos sons e na pronúncia, na formação de palavras e sentenças, no vocabulário e nos significados e, por fim, nos contextos de uso da língua, evidenciando como o brasileiro é realmente um povo novo, com uma cultura nova, com uma língua nova.

Destacamos, em seguida, como esse povo novo é também diverso, com muitas particularidades na vasta unidade chamada Brasil. Observamos as particularidades por meio das variações linguísticas dentro do território nacional, utilizando, mais uma vez, os níveis da gramática, dessa vez com uma pequena diferença: fonético-fonológico, morfossintático, lexical e semântico-pragmático. A riqueza nas vogais, consoantes, nas expressões, palavras e significados revela uma riqueza cultural e humana do país.

Seguimos atentando-nos para as características de personalidade ou de identidade desse povo. Como seriam os brasileiros? Quais marcas em seu comportamento e em seu caráter ressaltariam ante outros povos e culturas? Estudamos as peculiaridades do homem cordial e seus impactos na sociedade como uma das possíveis interpretações do melhor e do pior do "ser brasileiro". Também examinamos o jeitinho brasileiro e algumas regras de cortesia, assim como curiosidades dos brasileiros vistas por estrangeiros, com o objetivo de tornar mais visíveis nossas especificidades, reconstituir a personalidade brasileira por meio de seus traços marcantes e, assim, conhecer um pouquinho mais de como somos.

Por fim, colocamos em evidência uma das principais marcas brasileiras: sua música, com sua alegria e festividade muito características. Em especial, estudamos o samba, como inovação artística admirável e expressão da história desse povo miscigenado e rico em tantos atributos. Um povo que sobreviveu e sobrevive a muitos conflitos e dores, mas que aprendeu a transformar sua dor em sorriso, em poesia, em canção, em esperança. O samba conta essa história, expressa esses sentimentos e leva esse povo à sua contínua evolução e transformação, dos becos e morros mais humildes aos requintes do sucesso internacional da sofisticada bossa nova. Vimos uma série de características musicais, como a informalidade, a improvisação, a alegria e a festividade, que revelam características comportamentais, e, portanto, traços de nossa cultura.

Fizemos esta viagem com o objetivo de nos aproximarmos mais desse povo, de visualizarmos melhor quem somos, como somos, como vivemos, como falamos. Uma cultura tão rica e complexa que, às vezes, pouco nota sua riqueza, em parte por voltar-se, acima de tudo, para seus problemas (talvez tão grandes quanto sua riqueza), em parte por insistir em admirar mais a cultura alheia que a própria.

Somos, entretanto, cocriadores de nossa cultura e de nosso futuro e podemos, por meio da maior conscientização de nossa própria realidade, trabalhar para superar nossas dificuldades e desenvolver nossos potenciais. Se este livro colaborou em algo para essa conscientização, atingiu seu objetivo.

O reconhecimento dos valores e da riqueza dos povos e culturas do Brasil nos abre o leque para a investigação, a pesquisa, a fruição e a admiração pelos nossos antepassados que, geração após geração, lutaram para deixar um mundo melhor para os seus filhos, que somos nós.

bibliografia comentada

BARBOSA, L. **O jeitinho brasileiro**: a arte de ser mais igual do que os outros. Rio de Janeiro: Campus, 2005.

Nesta obra, Lívia Barbosa faz um minucioso estudo da história do jeitinho brasileiro, apresentando definições, exemplos e registros da percepção de brasileiros sobre esse modo de comportamento, considerado uma das principais marcas da personalidade brasileira.

BORODITSKY, L. Como a linguagem modela o pensamento. **Scientific American**, n. 106, 2011. Disponível em: <http://www.mat.ufrgs.br/~viali/estatistica/estatistica/outros/Linguagem.pdf>. Acesso em: 28 jul. 2022.

Neste artigo, a pesquisadora Lera Boroditsky apresenta a hipótese da relatividade linguística sob sua ótica, com exemplos de suas próprias investigações, em uma continuidade atualizada, de 2011, da teoria de Sapir-Whorf, iniciada nos anos 1920. A autora afirma que pesquisas recentes têm descoberto como a linguagem molda até mesmo as dimensões mais fundamentais da experiência humana, a exemplo de espaço, tempo, causalidade etc., e, portanto, exerce grande influência sobre o pensamento e a cognição humana.

CASTILHO, A. T. de. **Nova gramática do português brasileiro**. São Paulo: Contexto, 2014.

Nessa gramática bastante ampla e complexa, fruto de várias décadas de trabalho, o linguista Ataliba Castilho aborda as principais áreas da gramática, apresentando conceitos, explicações, referências históricas e exemplos, elucidando cada tópico e conectando-os em uma teoria multisistêmica da gramática, de cunho funcionalista-cognitivista, desenvolvida pelo próprio autor. Essa concepção de gramática toma como referência os usos comuns da língua, observando os diferentes gêneros textuais, em oposição à gramática tradicional, que parte, essencialmente, dos textos literários. O autor trata da história da língua, assim como de suas variações e influências recebidas de outras línguas, sempre com riqueza de ilustrações e exemplos.

CASTRO, R. **Chega de saudade:** a história e as histórias da bossa nova. São Paulo: Cia. das letras, 1990.

Nessa obra, Rui Castro apresenta a trajetória da formação da bossa nova, por meio de eventos históricos dos importantes personagens que criaram e desenvolveram o estilo musical, entre eles João Gilberto e Tom Jobim. Castro, valendo-se de entrevistas com dezenas de participantes e testemunhas do processo, reconstitui a história da bossa nova no cenário de Ipanema e Copacabana, no Rio de Janeiro, que seria o palco para o nascimento e crescimento desse gênero suave e requintado, de prestígio mundial, em uma época marcada por fortes embates políticos e socioculturais, no país, pela presença da ditadura militar.

DINIZ, A. **Almanaque do samba:** a história do samba, o que ouvir, o que ler, onde curtir. 2. ed. Rio de Janeiro: J. Zahar, 2006.

Neste livro, André Diniz conta a história da formação do samba e de alguns de seus principais personagens, relacionando-a com a história da cultura e da sociedade brasileira. É um rico material ilustrado, com muitas curiosidades e informações pertinentes para um apreciador e/ou investigador do gênero musical. Conta com comentários sobre obras, uma discografia selecionada, indicações culturais etc.

FREYRE, G. **Casa-grande & senzala.** 48. ed. Recife: Global Editora, 2003.

Essa obra, considerada um marco importante no entendimento da formação do povo brasileiro, retrata a realidade contrastante no Brasil colonial, vivida entre as casas dos senhores (casa-grande), donos das propriedades e dos latifúndios, e os alojamentos dos escravos (senzalas). Gilberto Freyre, a partir de uma dedicada pesquisa documental e um intenso toque literário, enfrenta as teorias racistas do início do século XX, que afirmavam que o cruzamento de etnias resultaria em um povo degenerado e incapaz. O autor reinterpreta a mistura de brancos, negros e índios e valoriza a mestiçagem, apontando-a não apenas como uma característica, mas também como uma vantagem e riqueza cultural do Brasil. A obra é rica em detalhes das relações cotidianas entre senhores e escravos.

GONÇALVES, R. T.; BASSO, R. M. **História da língua.** Florianópolis: LLV/CCE/UFSC, 2010.

Nessa obra, Gonçalves e Basso fazem um estudo do percurso histórico da formação da língua portuguesa, partindo de suas origens latinas na península Ibérica, recebendo influências germânicas e árabes, passando pela língua romance, conformando o galego-português, para culminar na formação do português clássico, que posteriormente volta a se modificar em solo americano, recebendo influências indígenas e africanas e tomando a forma moderna do português brasileiro. Os autores apresentam dados históricos dos principais acontecimentos que influenciaram a história da língua, assim como exemplos linguísticos de mudanças e da evolução da língua portuguesa, nas diferentes épocas estudadas.

HOLANDA, S. B. de. **Raízes do Brasil**. 26. ed. São Paulo: Companhia das Letras, 1995.

Nessa obra, Sério Buarque de Holanda faz uma rica e profunda análise da formação do Brasil, tecendo considerações sobre o processo sociocultural que levou a consolidar o povo brasileiro, com as características que assumiu na contemporaneidade. O autor menciona particularidades do colonizador português, tanto de relações familiares quanto de visão de empreendimentos laborais, o que resultaria em uma herança cultural marcada por algumas falhas no que diz respeito à organização e ao estabelecimento de uma sociedade democrática. Ao analisar o brasileiro, uma característica importante, tratada pelo autor, é a teoria do homem cordial, traço marcante do caráter brasileiro, herdado das relações de poder das famílias patriarcais, que seria a origem de uma série de problemas, como a corrupção.

RIBEIRO, D. **O povo brasileiro**: evolução e o sentido do Brasil. São Paulo: Companhia das Letras, 1995.

Essa é uma das mais importantes obras no que se refere ao entendimento da formação do povo brasileiro. Darcy Ribeiro apresenta as três matrizes étnicas principais que se encontraram nesse processo: portugueses, índios e africanos.

O autor descreve particularidades e aspectos históricos de cada uma e as relações entre elas, permeadas por lutas pelo poder, conflitos, violência, abusos, dominação etc., em uma análise sociocultural do surgimento do novo elemento resultante da mistura entre as três matrizes: o mestiço, o brasileiro, que não era português, nem índio, nem africano. Ribeiro desenvolve, baseado em uma extensa pesquisa, hipóteses de como teria surgido o povo brasileiro, que carregava elementos de suas matrizes ascendentes, mas já não se identificava com nenhuma delas.

TEYSSIER, P. **História da língua portuguesa**. São Paulo: M. Fontes, 2001.

Nesse livro, o autor traça um histórico da língua portuguesa, desde suas origens na Península Ibérica, com o encontro dos romanos com os povos celtibéricos, seguindo pelos contatos com os demais povos e línguas, na região, a formação do português clássico, até as transformações do português no brasil. Teyssier apresenta exemplos bem detalhados das mudanças e influências linguísticas (fonéticas, morfológicas, sintáticas, léxicas) em várias fases, especialmente na fase do latim ao galego-português, evidenciando a evolução e transformação da língua portuguesa, em alguns momentos, comparando-a com o castelhano, e demonstrando a separação desses dois idiomas, que compartilham suas raízes latinas e ibéricas.

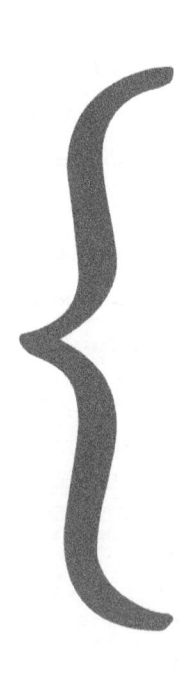

{

referências

ABAURRE, M. B.; GALVES, C. As diferenças rítmicas entre o português europeu e o português brasileiro: uma abordagem otimalista e minimalista. Delta, v. 14, n. 2, p. 377-403, 1998. Disponível em: <https://revistas.pucsp.br/index.php/delta/article/view/44299/29329>. Acesso em: 28 jul. 2022.

AGUILERA, V. de A. O léxico paranaense: uma viagem pelas veredas rurais e pelos caminhos urbanos. In: FAGUNDES, E. D.; LOREGIAN-PENKAL, L.; MENON, O. P. da S. O falar paranaense. Curitiba: Ed. da UTFPR, 2015. p. 19-34. Disponível em: <http://riut.utfpr.edu.br/jspui/bitstream/1/1599/9/falarparanaense_iniciais.pdf>. Acesso em: 28 jul. 2022.

AGUILERA, V. de A.; ALTINO, F. C.; ISQUERDO, A. N. (Org.). Atlas linguístico do Brasil: descrevendo a língua, formando jovens pesquisadores, 2009. Disponível em: <https://alib.ufba.br/sites/alib.ufba.br/files/descrevendo_a_lingua_formando_jovens_pesquisadores_-_dvd_1_2009.pdf>. Acesso em: 28 jul. 2022.

ALIB – Atlas Linguístico do Brasil. Disponível em: <https://alib.ufba.br/>. Acesso em: 28 jul. 2022.

ALMEIDA, R. H. **O diretório dos índios:** um projeto de "civilização" no Brasil do século XVIII. Brasília: Ed. da UNB, 1997.

ARAGÃO, M. S. S. Monotongação em capitais do nordeste brasileiro: dados do ALiB. In: CARDOSO, S. A. M.; MOTA, J. A.; PAIM, M. M. T. **Documentos 3:** projeto atlas linguístico do Brasil. Salvador: Vento Leste, 2012. p. 77-93. Disponível em:<https://alib.ufba.br/sites/alib.ufba.br/files/doc_3.pdf>. Acesso em: 28 jul. 2022.

ARTE GRÁFICA Kusiwa. **Iphan,** 2002. Disponível em: <https://www.youtube.com/watch?v=lBmCxTQGMX0>. Acesso em: 28 jul. 2022.

AS MARCAS do português brasileiro. Direção: Tiago Marconi. **Pesquisa Fapesp,** 29 abr. 2015. Disponível em: <https://www.youtube.com/watch?v=0sDuGRKwguY>. Acesso em: 28 jul. 2022.

ASSIS, M. C. de. **História da língua portuguesa.** João Pessoa: Ed. da UFPB, 2011.

BAGNO, M. **Português ou brasileiro?:** um convite à pesquisa. São Paulo: Parábola Editorial, 2001.

BAGNO, M. **Preconceito linguístico:** o que é, como se faz. 49. ed. São Paulo: Loyola, 2007.

BAHIA, X. **Isto é bom.** Rio de Janeiro: Casa Edison, 1902.

BAKHTIN, M. **Marxismo e filosofia da linguagem.** São Paulo: Hucitec, 1995.

BALEIRO, Z. **Semba.** Rio de Janeiro: MZA Music, 1999.

BARBEIRO, E. P.; ISQUERDO, A. N. O Atlas linguístico do Brasil e a descrição da norma lexical regional: contribuições no campo das brincadeiras infantis. In: AGUILERA, V. de A.; ALTINO, F. C.; ISQUERDO, A. N. (Org.). **Atlas linguístico do Brasil: descrevendo a língua, formando jovens pesquisadores**, 2009. p. 108-117. Disponível em: <https://alib.ufba.br/sites/alib.ufba.br/files/descrevendo_a_lingua_formando_jovens_pesquisadores_-_dvd_1_2009.pdf>. Acesso em: 28 jul. 2022.

BARBOSA, L. **O jeitinho brasileiro**: a arte de ser mais igual do que os outros. Rio de Janeiro: Elsevier, 2005.

BATISTA, W. Lenço no pescoço. Gravação de Claudia Ventura e Rodrigo Alzuguir. **O samba carioca de Wilson Batista**. Biscoito Fino, 2013. Disco 2. Faixa 11.

BATISTA, W. Mocinho da vila. Gravação de Claudia Ventura e Rodrigo Alzuguir. **O samba carioca de Wilson Baptista**. Biscoito Fino, 2013. Disco 2. Faixa 13.

BLAY, M. O Brasil visto de fora. In: PINSKY, J.; KARNAL, L. **O Brasil no contexto**: 1987-2017. Edição do Kindle. São Paulo: Contexto, 2017. Posição 2419-2627.

BENFICA, S. **Diferenças pragmáticas entre o português brasileiro e o português europeu**. 26 jun. 2020. Disponível em: <https://www.youtube.com/watch?v=Gom_XXY05Cs>. Acesso em: 28 jul. 2022.

BORODITSKY, L. Como a linguagem modela o pensamento. **Scientific American Brasil**, n. 106, março de 2011. Disponível em: <http://www.mat.ufrgs.br/~viali/estatistica/estatistica/outros/Linguagem.pdf>. Acesso em: 28 jul. 2022.

BRASIL. Código Criminal do Império do Brasil, de 16 de dezembro de 1830. Coleção de Leis do Brasil: 1830. Disponível em: <http://www.planalto.gov.br/ccivil_03/leis/lim/lim-16-12-1830.htm> Acesso em: 28 jul. 2022.

BRASIL. Decreto n. 847, de 11 de outubro de 1890. Coleção de Leis do Brasil: 1890. p. 2664, v. X. Disponível em: <http://www2.camara.leg.br/legin/fed/decret/1824-1899/decreto-847-11-outubro-1890-503086-publicacaooriginal-1-pe.html> Acesso em: 28 jul. 2022.

BRASIL. Ministério do Turismo. **Repente é registrado como Patrimônio Cultural do Brasil.** 11 nov. 2021. Disponível em: <https://www.gov.br/turismo/pt-br/secretaria-especial-da-cultura/assuntos/noticias/repente-e-registrado-como-patrimonio-cultural-do-brasil>. Acesso em: 28 jul. 2022.

CÂMARA JR, J. M. Língua e cultura. **Revista Letras**, v. 4, p. 51-59, dez. 1955. Disponível em: <https://revistas.ufpr.br/letras/article/viewFile/20046/13227>. Acesso em: 28 jul. 2022.

CANEDO, D. Cultura é o quê?: reflexões sobre o conceito de cultura e a atuação dos poderes públicos. In: ENCONTRO DE ESTUDOS MULTIDISCIPLINARES EM CULTURA, 5., 2009, Salvador, Bahia. **Anais...** Disponível em: <http://www.cult.ufba.br/enecult2009/19353.pdf>. Acesso em: 28 jul. 2022.

CARDOSO, A. M. C. Projeto Alib: o sentido desta caminhada. In: CARDOSO, S. A. M.; MOTA, J. A.; PAIM, M. M. T. (Org.). **Documentos 3:** projeto atlas linguístico do Brasil, Salvador, BA: Vento Leste, 2012. p. 13-32. Disponível em:<https://alib.ufba.br/sites/alib.ufba.br/files/doc_3.pdf>. Acesso em: 28 jul. 2022.

CARDOSO, F. H. Um livro perene. In: FREYRE, G. Casa-grande e senzala. 48 ed. São Paulo: Global, 2003. p. 19-28.

CASTILHO, A. T. Análise multissistêmica das minissentenças. In: RIBEIRO, S. S. C.; COSTA, S. B. B.; CARDOSO, S. A. M. **Dos sons às palavras**: nas trilhas da língua portuguesa. Salvador: EDUFBA, 2009. p. 61-82.

CASTILHO, A. T. **Nova gramática do português brasileiro**. São Paulo: Contexto, 2014.

CASTRO, I. **Curso de história da língua portuguesa**. Lisboa: Universidade Aberta, 1991.

CASTRO, I. **Introdução à história do português**. Lisboa: Edições Colibri, 2004.

CASTRO, R. **Chega de saudade**: a história e as histórias da bossa nova. São Paulo: Cia. das Letras, 1990.

CASTRO, Y. P. de. Renato Mendonça e "A influência africana no português do Brasil": um estudo pioneiro de africanias no português brasileiro. Prefácio. In: MENDONÇA, R. J. A influência africana no português do Brasil. Brasília: Fundação Alexandre Gusmão, 2012.

CRISTÓFARO-SILVA, T. **Dicionário de fonética e fonologia**. São Paulo: Contexto, 2011.

CRISTÓFARO-SILVA, T. **Fonética e fonologia do português**. São Paulo: Contexto, 2003.

CUNNINGHAM, T. 7 hábitos comuns no Brasil que são estranhos nos EUA. 14 ago. 2019. **Tim Explica**. Disponível em: <https://www.youtube.com/watch?v=pfRUfpklsfM>. Acesso em: 28 jul. 2022.

CUNNINGHAM, T. Esse hábito dos brasileiros os americanos acham estranho. 27 dez. 2020. **Tim Explica**. Disponível em: <https://www.youtube.com/watch?v=Swh6I2ap_8s>. Acesso em: 28 jul. 2022.

CUNNINGHAM, T. Gringos, parem de fazer isso nos botecos brasileiros. 10 mar. 2021. Tim Explica. Disponível em: <https://youtube.com/shorts/gXUfAws9Ry4?feature=share>. Acesso em: 28 jul. 2022.

DIAS, L. S.; GOMES, M. L. de. C. Estudos linguísticos: dos problemas estruturais aos novos campos de pesquisa. Curitiba: InterSaberes, 2015.

DINIZ, A. Almanaque do samba: a história do samba, o que ouvir, o que ler, onde curtir. 2. ed. Rio de Janeiro: J. Zahar, 2006.

DONATO, J. A rã. Rio de Janeiro: EMI Music Brasil Ltda, 1973.

DONGA; ALMEIDA, M. Pelo telefone. Rio de Janeiro: Casa Edison, 1917.

ECAD. Escritório Central de Arrecadação e Distribuição. "Garota de Ipanema" assume a liderança das músicas brasileiras mais gravadas, 17 fev. 2022. Disponível em: <https://www4.ecad.org.br/garota-de-ipanema-assume-a-lideranca-das-musicas-brasileiras-mais-gravadas/>. Acesso em: 28 jul. 2022.

ELIA, S. Brasileirismos: eu vi ele. In: BECHARA, E. Estudo da Língua Portuguesa: textos de apoio. Brasília: Fundação Alexandre de Gusmão, 2010. p. 169-180.

ENGELBERT, A. P. P. F. Fonética e fonologia da língua portuguesa. Curitiba: InterSaberes, 2012.

EU TENHO a palavra. Direção e roteiro: Lilian Solá Santiago. Produção: Francine Barbosa. Iphan, 2009. Disponível em: <https://www.youtube.com/watch?v=qUwi3YM78NQ>. Acesso em: 28 jul. 2022.

IPHAN. Disponível em: <https://www.youtube.com/user/Iphangovbr>. Acesso em: 28 jul. 2022.

FARACO, C. A. História sociopolítica da língua portuguesa. São Paulo: Parábola Editorial, 2016.

FARACO, C. A. Norma culta brasileira: desatando alguns nós. São Paulo: Parábola Editorial, 2020.

FERNANDES, F. A integração do negro na sociedade de classes. São Paulo: Globo, 2008. v. 1: Uma interpretação sociológica.

FIORIN, J. L.; PETTER, M. M. T. África no Brasil: a formação da língua portuguesa. São Paulo: Contexto, 2013.

FREITAS, L. G.; ISQUERDO, A. N. Nomes para Cachaça no Brasil Central: um estudo na fala dos habitantes das capitais. In: AGUILERA, V. de A.; ALTINO, F. C.; ISQUERDO, A. N. (Org.). **Atlas linguístico do Brasil**: descrevendo a língua, formando jovens pesquisadores. 2009. p. 131-138. Disponível em: <https://alib.ufba.br/sites/alib.ufba.br/files/descrevendo_a_lingua_formando_jovens_pesquisadores_-_dvd_1_2009.pdf>. Acesso em: 28 jul. 2022.

FREYRE, G. **Casa-grande e senzala**. 48. ed. Recife: Global Editora, 2003.

GAVA, J. E. **A linguagem harmônica da bossa nova**. São Paulo: Ed. da Unesp, 2002.

GAVIOLI-PRESTES, C. M.; LEGROSKI, M. C. **Introdução à sintaxe e à semântica da língua portuguesa**. Curitiba: InterSaberes, 2015.

GOMES, A. P. Q. Variação pragmática: cortesia linguística e intercompreensão cultural entre brasileiros e portugueses. **Web-Revista Sociodialeto**, v. 10, n. 30, p. 306-316, abr. 2020. Disponível em: <http://sociodialeto.com.br/index.php/sociodialeto/article/view/248/281>. Acesso em: 28 jul. 2022.

GOMES, M. L. de. C. **Metodologia do ensino de Língua Portuguesa**. Curitiba: Ibpex, 2011.

GONÇALVES, R. T.; BASSO, R. M. **História da língua**. Florianópolis: LLV/CCE/UFSC, 2010.

HOLANDA, F. B. de. **Agora falando sério**. Rio de Janeiro: Philips, 1970.

HOLANDA, F. B. de. **Apesar de você**. Rio de Janeiro: Philips, 1970.

HOLANDA, F. B. de. **Construção**. Rio de Janeiro: Philips, 1978.

HOLANDA, F. B. de. **Samba e amor**. Rio de Janeiro: Philips, 1970.

HOLANDA, F. B. de.; GIL, G. **Cálice**. Rio de Janeiro: Philips, 1979.

HOLANDA, F. B. de.; HIME, F. **Meu caro amigo**. Rio de Janeiro: Philips, 1977.

HOLANDA, F. B. de.; MORAES, V. de; FILHO, A. P. **Samba de Orly**. Rio de Janeiro: Philips, 1971.

HOLANDA, F. B. de.; PAIVA, L. **Acorda, amor**. Rio de Janeiro: Philips, 1975.

HOLANDA, S. B. de. **Raízes do Brasil**. 26. ed. São Paulo: Companhia das Letras, 1995.

IBGE – Instituto Brasileiro de Geografia e Estatística. **Projeção da população do Brasil e das Unidades da Federação**. 2022. Disponível em: <https://ibge.gov.br/apps/populacao/projecao/index.html>. Acesso em: 28 jul. 2022.

ILARI, R.; BASSO, R. **O português da gente**: a língua que estudamos, a língua que falamos. São Paulo: Contexto, 2006.

INSTITUTO CAMÕES. A pronúncia do português europeu. **Centro Virtual Camões**, 2006. Disponível em: <http://www.cvc.instituto-camoes.pt/cpp/acessibilidade/capitulo3_2.html>. Acesso em: 28 jul. 2022.

IPA – International Phonetic Alphabet. **IPA Chart With Sounds**. 2022. Disponível em: <https://www.internationalphoneticalphabet.org/ipa-sounds/ipa-chart-with-sounds/>. Acesso em: 28 jul. 2022.

IPHAN – Instituto do Patrimônio Histórico e Artístico Nacional. **Patrimônio cultural do Brasil**: pareceres de registro dos bens culturais imateriais. Brasília: Iphan, 2021.

IPHAN – Instituto do Patrimônio Histórico e Artístico Nacional. **Patrimônio cultural imaterial da humanidade**. 2022. Disponível em: <http://portal.iphan.gov.br/pagina/detalhes/71>. Acesso em: 28 jul. 2022.

JOBIM, T. **Corcovado**. Rio de Janeiro: Odeon, 1960.

KOCH, I. G. V. **Desvendando os segredos do texto**. São Paulo: Cortez, 2006.

LABOV, W. **Padrões sociolinguísticos**. Tradução de M. Bagno, M. M. P. Scherre e C. R. Cardoso. São Paulo: Parábola Editora, 2008.

LAUAND, J. **Revelando a linguagem**. São Paulo: Factash, 2016.

LEITE, C. A. B. **Catulo, Donga, Sinhô e Noel**: a formação da canção popular urbana no Brasil. 157 fls. Dissertação (Mestrado em Literatura Brasileira) – Universidade Federal do Rio Grande do Sul. Porto Alegre, 2011.

LIRA NETO, J. C. **Uma história do samba**: as origens. São Paulo: Companhia das Letras, 2017.

LOPES, E. **Fundamentos da linguística contemporânea**. São Paulo: Cultrix, 1980.

LOREGIAN-PENKAL, L. Tu e você no Paraná. In: FAGUNDES, E. D.; LOREGIAN-PENKAL, L.; MENON, O. P. da S. **O falar paranaense**. Curitiba: Ed. da UTFPR, 2015. p. 99-112.

MARQUES, V. P. do N. **Relativismo linguístico revisitado**: como categorias numéricas podem influenciar a representação do mundo. Dissertação (Mestrado) – ISCTE, Instituto Universitário de Lisboa. Lisboa: Universidade de Lisboa, 2014.

MATTA, R. da. **Relativizando**: uma introdução à antropologia social. Rio de Janeiro: Rocco, 1987.

MENDONÇA, R. **A influência africana no português do Brasil**. Brasília: Fundação Alexandre Gusmão, 2012.

MENESCAL, R; BÔSCOLI, R. **O barquinho**. Rio de Janeiro: Musiplay, 1963.

MENON, O. **Não é só a variedade brasileira que muda:** o caso das construções de gerúndio. SIMPÓSIO NACIONAL DE ESTUDOS FILOLÓGICOS E LINGUÍSTICOS, 2., 2009, Rio de Janeiro. **Anais...** Disponível em: <http://www.filologia.org.br/iisinefil/resumos/nao_e_so_a_variedade_brasileira_a_que_muda.pdf>. Acesso em: 28 jul. 2022.

NEVES, F. Palavras homófonas. **Norma Culta,** 2022. Disponível em: <https://www.normaculta.com.br/palavras-homofonas/>. Acesso em: 28 jul. 2022.

NOEL, o poeta da vila. Direção: Ricardo Van Steen. Brasil: Pandora Filmes, 2006. 99 min.

ORLANDI, E. P. A língua brasileira. **Ciência e Cultura,** v. 57, n. 2, p. 29-30, abr.jun./2005. Disponível em: <http://cienciaecultura.bvs.br/pdf/cic/v57n2/a16v57n2.pdf>. Acesso em: 28 jul. 2022.

PIMENTA, R. **A casa da Mãe Joana:** curiosidades nas origens das palavras, frases e marcas. Rio de Janeiro: Campus, 2002.

POWELL, B.; MORAES, V. **Samba da bênção.** BMG Rights Management, 1967. Disponível em: <https://www.letras.mus.br/vinicius-de-moraes/86496/>. Acesso em: 28 jul. 2022.

QUANDO SE TRATA de português falado, não existe certo e errado. Direção Renata Druck. **Pesquisa Fapesp.** set. 2017. Disponível em: <https://www.youtube.com/watch?v=NxQmBBgPrp8>. Acesso em: 28 jul. 2022.

REYES, G. El abecé de la pragmática. Madrid: Arco Libros, 2003.

RIBEIRO, D. **O povo brasileiro:** a formação e o sentido do Brasil. São Paulo: Companhia das Letras, 1995.

ROSA, N. Capricho de rapaz solteiro. In: **Noel Rosa:** versões originais. ICCA. 2018. Faixa 23. v, 3.

ROSA, N. Feitiço da vila. Gravação de Claudia Ventura e Rodrigo Alzuguir. **O samba carioca de Wilson Baptista.** Biscoito Fino, 2013. Disco 2. Faixa 14.

ROSA, N. **Filosofia.** WMG Brasil; Latin Autor Perf; Abramus Digital, 1933. Disponível em: <https://www.letras.mus.br/noel-rosa-musicas/125751/>. Acesso em: 28 jul. 2022.

ROSA, N. Rapaz folgado. Gravação de Claudia Ventura e Rodrigo Alzuguir. **O samba carioca de Wilson Baptista.** Biscoito Fino, 2013. Disco 2. Faixa 12.

RUBIO, C. F. **Padrões de concordância verbal e de alternância pronominal no português brasileiro e europeu:** estudo sociolinguístico comparativo. 392 fls. Tese (Doutorado em Estudos Linguísticos) – Universidade Estadual Paulista Julio de Mesquita Filho, 2012. Disponível em: <https://repositorio.unesp.br/bitstream/handle/11449/100100/rubio_cf_dr_sjrp.pdf?sequence=1&isAllowed=y>. Acesso em: 28 jul. 2022.

SALDANHA, R. M. **Estudando a MPB:** reflexões sobre a MPB, nova MPB e o que o público entende por isso. 68 p. Dissertação (Mestrado em Bens Culturais e Projetos Sociais) – Centro de pesquisa e documentação de história contemporânea do Brasil, Fundação Getúlio Vargas. Rio de Janeiro, 2008.

SAMPAIO, R. D. Linguagem, cognição e cultura. **Cadernos do IL**, n. 56, p. 229-240, 2018. Disponível em: <https://seer.ufrgs.br/cadernosdoil/article/view/83356>. Acesso em: 28 jul. 2022.

SANTOS, A. C. C.; ISQUERDO, A. N. Designações para papagaio de papel e cabra cega: um estudo geolinguístico. In: AGUILERA, V. de A.; ALTINO, F. C.; ISQUERDO, A. N. (Org.). **Atlas linguístico do Brasil:** descrevendo a língua, formando jovens pesquisadores, 2009. p. 72-86.

SANTOS, C. R. M. dos. Diferenças léxico-semânticas do português do Brasil e de Portugal. **Revista Philologus**, ano 20, n. 59, p. 7-12, maio/ago. 2014. Disponível em: <http://www.filologia.org.br/revista/59/01.pdf>. Acesso em: 28 jul. 2022.

SAPIR, E. **Language**: An Introduction to the Study of Speech. San Diego: HJB Books, 1949.

SAPIR, E. **Linguística como ciência**: ensaios. Rio de Janeiro: Livraria Acadêmica, 1961.

SOARES, A. J. de M. Sobre algumas palavras africanas introduzidas no portuguez que se fala no Brazil. **Revista Brazileira**, Rio de Janeiro, ano I, Tomo IV, p. 243-271, 1880. Disponível em: <http://memoria.bn.br/pdf/139955/per139955_1880_00004.pdf>. Acesso em: 28 jul. 2022.

SONATI, J. G.; VILARTA, R.; SILVA, C.de C. da. Influências culinárias e diversidade cultural da identidade brasileira: imigração, regionalização e suas comidas. In: MENDES, R. T.; VILARTA, R.; GUTIERREZ, G. L. (Org.). **Qualidade de vida e cultura alimentar**. Campinas: Ipês Editorial, 2009. p. 137-147. Disponível em: <https://www.fef.unicamp.br/fef/sites/uploads/deafa/qvaf/cultura_alimentarcompleto.pdf>. Acesso em: 28 jul. 2022.

TEYSSIER, P. **História da língua portuguesa**. São Paulo: M. Fontes, 2001.

THOMPSON, J. B. **Ideologia e cultura moderna**: teoria social crítica na era dos meios de comunicação de massa. Petrópolis: Vozes, 1995.

TILIO, R. A evolução da teoria da relatividade linguística e a interface língua-cultura no ensino de línguas estrangeiras. **Revista Eletrônica do Instituto de Humanidades**, v. 6, n. 21, p. 105-124, abr./jun. 2007. Disponível em: <http://publicacoes.unigranrio.edu.br/index.php/reihm/article/view/362/347>. Acesso em: 28 jul. 2022.

TRAVAGLIA, L. C. **Gramática e interação**: uma proposta para o ensino de gramática no 1º e 2º graus. São Paulo: Cortez, 1997.

TRAVAGLIA, L. C. **Gramática e interação**: uma proposta para o ensino de gramática. 14. ed. São Paulo: Cortez, 2009.

TRUBETZKOY, N. A Fonologia atual. In: DASCAL, M. (Org.) **Fundamentos metodológicos da linguística**. Campinas: IEL-Unicamp, 1981. p. 15-35. (v. II – Fonologia e Sintaxe).

UM PORTUGUÊS e um brasileiro entram num bar. Humor de Ricardo Araújo Pereira e Gregório Duvivier. Experimenta Portugal, 21 jun. 2017. **Unibes Cultural**. Disponível em: <https://www.youtube.com/watch?v=hKozHiZpHWI>. Acesso em: 28 jul. 2022.

UNESCO – Organização das Nações Unidas para a Educação, a Ciência e a Cultura **Patrimônio mundial no Brasil**. 2022. Disponível em: <https://pt.unesco.org/fieldoffice/brasilia/expertise/world-heritage-brazil>. Acesso em: 28 jul. 2022.

VELOSO, C. **Desde que o samba é samba**. Rio de Janeiro: Ed. Uns Produções Artísticas Ltda, 1993. Disponível em: <https://www.letras.mus.br/caetano-veloso/44717/>. Acesso em: 28 jul. 2022.

VILA, M. da. **Casa de bamba**. São Paulo: BMG Brasil, 1968.

XATARA, C.; SECO, M. Culturemas em contraste: idiomatismos do português brasileiro e europeu. **Domínios de Lingu@gem**, v. 8, n. 1, p. 502-519, 2014. Disponível em: <https://seer.ufu.br/index.php/dominiosdelinguagem/article/view/24847>. Acesso em: 28 jul. 2022.

ZAN, J. R. Sucesso da MPB se deve a engajamento político somado a refinamento musical e poético que veio da bossa nova. **Com Ciência – Revista Eletrônica de Jornalismo Científico**, 2018. Entrevista concedida a Beatriz Maia. Disponível em: <https://www.comciencia.br/ha-uma-luta-de-classes-no-campo-cultural/>. Acesso em: 28 jul. 2022.

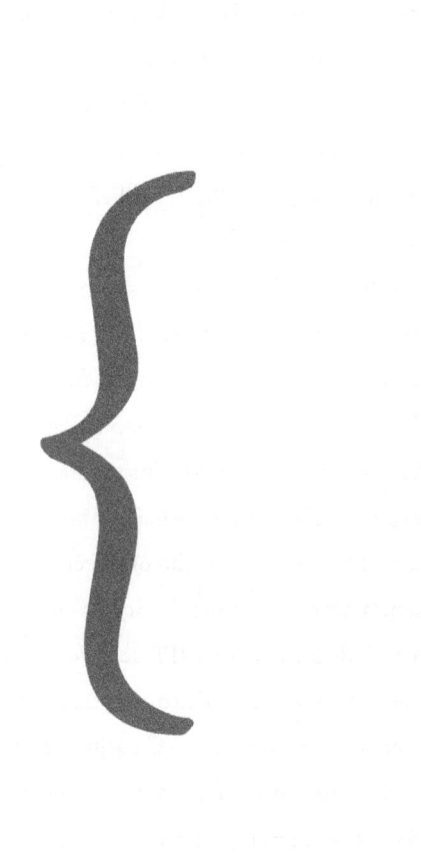

{

respostas

um
1. a
2. a
3. e
4. a
5. c

dois
1. b
2. e
3. d
4. a
5. e

três

1. e
2. c
3. b
4. d
5. a

quatro

1. b
2. a
3. a
4. b
5. d

cinco

1. b
2. d
3. e
4. a
5. a

seis

1. b
2. a
3. b
4. d
5. d

sobre o autor

RODRIGO DE CASTRO GOMES é especialista em Tecnologias para a Educação Profissional pelo Instituto Federal de Santa Catarina (IFSC) e graduado em Letras pelo Centro Universitário Internacional (Uninter). Foi professor de inglês e de português para estrangeiros em escolas e empresas. Atualmente, é professor de espanhol na educação corporativa e docente do curso de Letras EaD da Uninter. Rodrigo também é músico, produtor e arranjador, responsável pela produção de dois discos completos e várias canções independentes.

Os papéis utilizados neste livro, certificados por instituições ambientais competentes, são recicláveis, provenientes de fontes renováveis e, portanto, um meio responsável e natural de informação e conhecimento.

Impressão: Reproset
Julho/2023